लोकरंग : छत्तीसगढ़

लोकरंग : छत्तीसगढ़

निरंजन महावर

राधाकृष्ण

नयी दिल्ली पटना इलाहाबाद कोलकाता

संस्कृति विभाग, छत्तीसगढ़ सरकार के सहयोग से प्रकाशित

ISBN : 978-81-8361-680-5

पहला संस्करण : 2014

मूल्य : ₹ 600

प्रकाशक

राधाकृष्ण प्रकाशन प्राइवेट लिमिटेड
7/31, अंसारी रोड, दरियागंज, नई दिल्ली-110 002

शाखाएँ : अशोक राजपथ, साइंस कॉलेज के सामने, पटना-800 006
पहली मंजिल, दरबारी बिल्डिंग, महात्मा गांधी मार्ग, इलाहाबाद-211 001
36 ए, शेक्सपियर सरणी, कोलकाता-700 017

वेबसाइट : www.radhakrishnaprakashan.com
ई-मेल : info@radhakrishnaprakashan.com

मुद्रक

बी.के. ऑफसेट
नवीन शाहदरा, दिल्ली-110 032

Lokrang : Chhattisgarh
by Niranjan Mahawar

आभार

श्री रमन सिंह

मुख्यमंत्री, छत्तीसगढ़

और

श्री अजय चंद्राकर

मंत्री, संस्कृति, पर्यटन, पंचायत, ग्रामीण विकास
एवं संसदीय कार्य, छत्तीसगढ़ के प्रति,
जिनकी विशेष रुचि एवं मार्गदर्शन के बिना यह
प्रकाशन संभव नहीं होता।

जुगमन्दिर तायल, जीवन सिंह, शची आर्य
एवं
रेवती रमण शर्मा,
अलवर के मित्रों को
जिनके साथ कुछ अच्छा समय बीता।

लोकस्वभावसंसिद्ध लोकयात्रानुगामिनः ।
अनुभावा विभावाश्च ज्ञेयास्त्वभिनये बुधैः ।।

— नाट्यशास्त्र : सप्तम अध्याय, श्लोक-6

निरंतर

प्रस्तावना

छत्तीसगढ़ की पारम्परिक और लोकमंचीय कलाओं पर एकाग्र यह पुस्तक इस क्षेत्र में समवेत अध्ययन का मेरी दृष्टि में पहला प्रयास है। श्री निरंजन महावर छत्तीसगढ़ में पिछले अनेक दशकों से इस क्षेत्र में अध्ययन, लेखन और संकलन का प्रयास करते रहे हैं और भारतीय अध्ययन क्षेत्र में एक सुपरिचित और प्रतिष्ठित अध्येता के रूप में स्थापित है।

इस ग्रन्थ में उन्होंने छत्तीसगढ़ की ग्रामीण लोककलाओं के साथ इस क्षेत्र में संस्थित जनजातीय समुदायों की नृत्य-नाट्य परम्पराओं पर भी विचार किया है- यह व्यापक दृष्टि इसलिए आवश्यक है क्योंकि सामान्यत: जनजातीय समुदायों की कला को लोक की अपनी ग्रामीण कलाओं से कुछ अलग मानकर एक भिन्न कोटि बना दी गई है, जबकि वास्तव में वह भी पारम्परिक भारतीय कलाओं का ही एक अभिन्न रूप है। एक सांस्कृतिक क्षेण के रूप में छत्तीसगढ़ जनपद का यह कला अध्ययन, व्यापक रूप में इस क्षेत्र की भौगोलिक स्थिति, प्राकृतिक परिवेश और पर्यावरण तथा प्राचीन भारतीय इतिहास में अपनी विशिष्ट सांस्कृतिक पहचान की स्मृति से होता हुआ, आधुनिक समाज शास्त्र और नृतत्व दृष्टि को उसमें समाहित करता है।

संस्कृतियों के रूप अपनी स्थानिकता में एक विशिष्टता लिए विशेष प्रकृति और भूगोल, लोक जीवन की व्यवहार परम्पराओं और अनुष्ठानों, लोकाचारों और लोकमूल्यों तथा भाषा और सौन्दर्यरचना के विभिन्न रूपों की समग्रता से बनते हैं- एक कलारूप के पीछे परम्परा के जीवन का एक पूरा परिवेश, पृष्ठभूमि बनाता है तभी वह विशेष कलारूप कहीं और नहीं हो सकता। जैसे प्रकृति में अपनी ही एक

विविधता और जीवन का अनेकान्त सक्रिय रहता है, ठीक यही संस्कृति रूपों के साथ भी जीवन में घटता है।

यही कारण है कि एक विशिष्ट क्षेत्र की प्रकृति और सांस्कृतिक जीवन की अपनी स्मृति के बिना किसी कला रूप में सम्यक रूप से विचार करना असंभव है। वास्तव में एक जनजातीय अथवा लोकनृत्य, गाथा और गीत गायन अथवा लोक की नाट्य परम्पराओं के विभिन्न रूप एक स्थानिक संस्कृति की सदियों में निर्मित हुई परम्परा का एक भाग होते हैं, और उनका अध्ययन-विश्लेषण भी समग्रता के भीतर किया जाना चाहिए। यहाँ यह भी स्मरण रखने की आवश्यकता है कि वे कलारूप मंचीय प्रदर्शन को ध्यान में रखकर नहीं रचे गये हैं और न ही उन्हें किसी विशेष दर्शक-श्रोता समाज के मनोरंजन के उद्देश्य से किया जाता है, वास्तव में वे एक सामुदायिक जीवन की धन्यता का उत्सव और जीवन का मंगलगानन है जिसमें समुदाय के सभी लोग हिस्सेदारी करते हैं और इस प्रकार वह जीवन के विभिन्न अवसरों और अनुष्ठानों को समारोहित करते है।

जनजातीय समुदायों में शिकार के पश्चात् अथवा विवाह के अवसर पर या जात्रा और मढ़ई जैसे अवसरों या विभिन्न त्यौहारों पर देवी-देवताओं के समक्ष किये जाने वाले नृत्य-गान का विशेष प्रयोजन है, जब तक हम उसकी धार्मिक-सांस्कृतिक पृष्ठभूति को नहीं समझते, तब तक हमें उस गान अथवा नृत्य का मर्म उद्घाटित नहीं होता। हमें एक विशेष परम्परा और समुदाय की अपनी आस्था और अनुष्ठान के संदर्भ में ही उसे समझना होता है। यही कारण है कि कोई विशेष नृत्य किसी भी समय, किसी भी ऋतु में अथवा किसी भी स्थान पर किये जाने के लिए इन समुदायों में नहीं रचे गये हैं और उनका लक्ष्य किसी दर्शक समुदाय को ध्यान में रखकर निर्मित नहीं किया गया है जब वह अपने परिवेश और अपने जीवन की परम्पना के संदर्भ के बिना कहीं आयोजित होते हैं तो उनकी अपनी पारम्परिक नृत्य-संरचना और संगीत तथा लय-ताल देखने वालों को आकर्षित करती हैं, लेकिन वह नहीं समझ पाते कि एक गीत में इतनी मात्रिक आवृत्ति क्यों है? अथवा उनकी नृत्य गति इतनी शांत और मंथर किसलिए है? कुछ जनजातीय नृत्य अभ्यर्थना मूलक हैं उसमें यह मंद शांति और गीत के शब्दों की मात्रिक आवृत्तियों का विशेष अर्थ है और वह एक प्रकार की नृत्य अराधना

जैसे है- जैसे नृत्य में कोई प्रार्थना की जा रही हो- अब इसे पूरे संदर्भ के साथ ही वह विशेष नृत्य अपना कोई अर्थ रखता है- सिर्फ कला रूप की तरह उसका अर्थ बहुत सीमित हो जाता है।

यद्यपि यह भी सच है कि अनेक जनजातीय नृत्य किसी धार्मिक-आध्यात्मिक उद्‌देश्य और अनुष्ठान आदि की अपेक्षा नहीं करते ये जीवन के आनंद-उल्लास के सहज अभिव्यक्ति की सर्जना है, वह बिल्कुल अलग से लक्ष्य किया जा सकता है।

जनजातीय समुदायों की कला परम्परा का अध्ययन करते आधारभूत रूप से इन जनजातियों के 'कलाबोध', 'प्रकृति के साथ उनका संबंध' तथा उनके 'देवलोक' और धार्मिक-आध्यात्मिक विश्वासों का अध्ययन बहुत आवश्यक है। हमें स्पष्ट रूप से यह समझना चाहिये कि वे हमारे आधुनिक नागर भारतीयों की तरह एक ऐतिहासिक कालबोध में नहीं प्रत्युत एक "प्राकृतिक समय चेतना" में रहने वाले समुदाय हैं-ठीक इसी तरह उनके लिए प्रकृति अपने से भिन्न कोई चीज नहीं, वह स्वयं को उसका अभिन्न अंग समझते हैं। आधुनिक सामाजिक के लिए 'प्रकृति' सिर्फ 'पर्यावरण' है और प्रकृति पर 'विजय' प्राप्त करके ही वह अपने पुरूषार्थ को साबित करता है-प्रकृति के साधनों का असीमित दोहन करके ही विकसित भी होता है।

काल और प्रकृति के साथ जनजातीय समाजों की धार्मिकता भी एक विशेष देवलोक की सर्जना करती है-इस देवदृष्टि में देवता, प्राकृतिक शक्तियाँ, मातृशक्तियाँ और दुष्टात्माएँ तथा पुरखे भी शामिल हैं-विभिन्न अवसरों पर इन देवी-देवताओं से संबंधित पूजा-पर्व और अनुष्ठान हैं, जिनके साथ नृत्य-गान की कला परम्पराएँ जुड़ी है। मंचीय कलाओं के साथ-साथ रूपंकर कलाओं का भी एक बड़ा भाग इस देवदृष्टि से जुड़ा है जिनके 'प्रकट स्वरूप' अथवा 'प्रतीक' शिल्प रचना के विषय हैं। जब तक हम किसी समुदाय की देवदृष्टि को नहीं जानते तब तक, इनका अध्ययन सामान्यीकृत ही कहा जायेगा।

ग्रामीण लोक समाजों में जो कालबोध है वह एक प्रकार का पौराणिक समय है-सत्य, त्रेता, द्वापर और कलिकाल में विस्तारित इस कालबोध के साथ ऋतुओं का अपना एक आवृत्ति में लौटता हुआ भौतिक समय भी है। वैदिक परम्परा से

लगाकर पुराण रचना के काल तक एक विशाल देवदृष्टि भी लोक की आस्था और सांस्कृतिक बोध के केन्द्र में है- लोक समाजों की स्मृति में नारायण के अवतारों की लीला और उनके विविध प्रसंग, लोक के गान, नृत्य और नाट्य तथा चित्र और शिल्प कलाओं की सर्जना की एक प्रमुख प्रेरणाभूमि है।

लोक में प्रकृति का संबंध भी जनजातीय समुदायों की धारणा से थोड़ा अलग है-लोक समाज प्रकृति को पूज्य और पवित्र मानता है। जनजातीय समाजों की तरण अपने को उससे अभिन्न नहीं। पूज्य और पवित्र होकर भी प्रकृति उससे भिन्न और दिव्य ईश्वरीय रचना है- वह उसकी कृपा और वरदान के कारण ही जीवन को संभव मानता है इसलिए उसकी पूजा करता है, यहाँ नही, पर्वत, वृक्ष, सरोवर में देवी-देवताओं का वास है, उनकी पूजा-अर्चना-प्रार्थना और व्रत हैं अनुष्ठान और गान हैं लेकिन प्रकृति से मैं अभिन्न हूँ, ''मैं ही प्रकृति हूँ'' यह भाव विदा हो चुका है।

एक और महत्वपूर्ण तथ्य यहाँ उल्लेख किया जाना चाहिये। लोक समाजों में ''पौराणिक देवदृष्टि'' के साथ असंख्य स्थानिक देवी-देवता भी है। कुछ हैं जो सुस्थापिज-सुपरिचित पूज्य पौराणिक देवों अथवा देवियों के स्थानिक रूप हैं और कुछ है जो एकदम अलग स्थानिक आस्था से जन्में हैं और उन लोक समुदायों के बाहर वे नहीं जाने जाते।

हम कह सकते हैं कि 'काल की चेतना' प्रकृति से संबंध तथा 'देवलोक का स्वरूप' वे आधारभूत तत्व हैं जिनसे जनजातीय समुदायों और लोक समाजों की सांस्कृतिक धारा अथवा परम्परा का निर्माण हुआ है और सांस्कृतिक जीवन की छाया के भीतर इनके सभी कलारूप निर्मित और विकसित हुए है। वे सभी रूप, जीवन का एक ढंग और जीने की पद्धति हैं-जहाँ जीवन का यथार्थ और कला रचना तथा उपयोगी और सौन्दर्यात्मक कला के विभाजन व्यर्थ हो जाते हैं। यदि इस समवेत में हम जनजाति और लोक की कला को देखते-समझते हैं तभी हम कह सकते हैं कि वह देखना-समझना वास्तविक, प्रामाणिक और समग्र है, अन्यथा नहीं।

जब हम पश्चित के समाज शास्त्र और नृतत्वशास्त्र की पद्धति और इसलिए दृष्टि से तथा सौंदर्यशास्त्र की उन अवधारणाओं जो लोक और शास्त्र अथवा

जनजातीय और लोक कलाओं को विभाजित करके देखती हैं- इस आधार पर भारत की लोक और जनजातीय संस्कृति तथा जीवन और कलारूपों को देखते हैं तो विश्लेषण के वे आधार अपर्याप्त होते हैं उनके आधार पर न तो उस जीवन परम्परा के साथ और न ही उसके साथ सम्बद्ध कला संसार के साथ हम न्याय कर सकते है।

छत्तीसगढ़ में बस्तर, सरगुजा, रायगढ़ जैसे बड़े जनजातीय बहुल क्षेत्र हैं, जहाँ मुरिया, माड़िया, भतरा, दोर्ला गदबा, उरांव, कमार, कंवर, पंडो तथा राजनांदगाँव के ग्रामीण इलाकों में बैगा जनजाति समुदाय निवास करते है।

श्री निरंजन महावर पिछले अनेक दशकों से बस्तर क्षेत्र की जनजातियों के जीवन और कलारूपों को निकट से समझते रहे हैं, और उन्होंने इन जनजातियों की पारम्परिक शिल्प कला के लगभग सभी माध्यमों में शिल्पों का एक अनूठा संग्रह अपने साधनों और निजी रूचि के चलते किया है। यह कार्य करते उन्होंने इन समुदायों की जनजातीय परम्पराओं और कला रूपों को निकट देखा है तथा उनका अध्ययन कर श्रेष्ठ लेखन भी किया है।

इन जनजातियों की रूपंकर कलाओं में यह ध्यान देने योग्य है कि इसका कुछ भाग विभिन्न माध्यमों में आदिवासी कलाकारों द्वारा रचा है और कुछ ऐसे शिल्पियों ने जो इन जनजातीय क्षेत्रों में रहते हैं लेकिन स्वयं जनजाति के लोग नहीं हैं, उनका बनाया हुआ है। मंचीय कलाओं के बारे में स्थिति बिल्कुल अलग है- इनके अपने पारम्परिक नृत्य, नाट्य या गान हैं जो स्वयं इन समुदायों के लोग ही करते रहे हैं और यह परम्परा अभी भी जीवन्त है। यहाँ मैं जनजातियों के बारे में एक विशेष तथ्य उल्लेख करना चाहूँगा- जनजातियों में पारम्परिक नृत्यों, गीतों और गाथा गायन की समृद्ध परम्परा है, लेकिन नाट्य परम्परा के बारे में ऐसा नहीं कहा जा सकता-बस्तर में ही मुरिया जनजाति का माओपाटा, जो एक संक्षिप्त शिकार कथा जैसी है उसका अपना एक छोटा नृत्य-गीत प्रस्तुत किया जाता है- इसके मंचर में कुछ 'नाट्य तत्व' हैं लेकिन इसे नाट्य के बजाय नृत्य कथा गीत कही कह सकते हैं। इसी प्रकार भतरा जनजाति के भतरानाट को देखें-तत्वत: यह पौराणिक आख्यान के मंचन की एक लोक परम्परा है जिसे लोक समाजों में किया जाता रहा है। उड़ीसा में भगवान जगन्नाथ की रक्ष यात्रा के अवसर पर तथा

'प्रहलाद नाटक' जैसी लोक परम्परा नाटक से इसे निर्मित किया गया है- इसमें जनजातीय कथानक, प्रस्तुतीकरण आदि नहीं दिखता। भतरा जनजाति के लोगों ने इसे उड़ीसा की लोक परम्परा से प्रभावित होकर विकसित किया है।

इसी प्रकार एक दिलचस्प संश्लेष 'करमा' नृत्य गीत का है। यह बैगा चक मंडला के क्षेत्र में निवास करने वाले बैगा और गोंड जनजाति से लेकर छत्तीसगढ़ की कंवर आदि जनजातियों के साथ ही छत्तीसगढी लोक समुदाय में भी किया जाता है। इस नृत्य का विस्तार छोटा नागपुर क्षेत्र के आदिवासी बहुल क्षेत्र जिसे आज 'झारखंड' कहा जाता है, वहाँ तक है संथाल मुंडा जनजाति में भी करमा नृत्य किया ज़ाता है। यह कर्म देवता की पूजा और अनुष्ठान से जुड़ा है- करमा गीतों की रचना आदिवासी बोलियों के साथ लोक भाषाओं में भी की गई है और वास्तव में इस नृत्य की अनेक शैलियां है। रायगढ़ के झारा शिल्पी समुदाय में एक विशेष 'करमा शिल्प' बनाया जाता है जिसमें जीवन की व्यापक गतिविधि का अंकन एक 'शिल्प वृक्ष' के रूप में किया जाता है अर्थात् वृक्ष में कर्म देवता का निवास और उनकी वर्ष में एक बार पूजा और अनुष्ठान से होता शब्दों में गीत रचना की एक समृद्ध परम्परा को रचते हुए 'करमा' नृत्य की अनेक शैलियों में अपना विस्तार करता है- और अन्त में कर्मवृक्ष के शिल्प में जाकर उस यात्रा का समापन होता है।

वृक्ष अपने आप में जीवन की संभावनों के विकसित होने का सबसे सुंदर और पूर्ण प्रतिक रहा है। वृक्ष में कर्म देव का वास और वृक्ष के रूप में उनकी पूजा-अनुष्ठान से जीवन यात्रा का यह प्रतीक कला में भी शब्द से लेकर लय-ताल गति और शिल्प तक एक विशाल यात्रा करता है- इस लिए मैं इसे मात्र एक नृत्य रूप न मानकर एक समृद्ध 'कर्मा संस्कृति' कहता हूँ। इसमें जनजातियों और लोक समुदाय दोनों शामिल है, इसमें जीवन परम्परा और कला परम्परा का समवेत है। और कला में भी शब्द, लय, गति और आकार की एक समीष्टि है। क्या संसार में ऐसी कोई दूसरी परम्परा है?

परम्पराशील भारतीय कलाओं के बारे में जब मैं एक भारतीय दृष्टि की माँग करता हूँ तो मेरा यही आशय है कि उसके रूप और शैलीयाँ भारतीय जीवन परम्परा के साथ अभिन्न है और उसे अपने ही देशकाल में देखा-समझा जाना

चाहिए, वह नृतत्वशात्रीय और समाजशास्त्र के पश्चिमी पैमानों और दृष्टि से नहीं समझी जा सकती।

यहाँ कुछ चर्चा लोककाँचलों के लोक रूपों की भी करना आवश्यक है- लोकपरम्परा में कुछ नृत्य ऐसे है जो व्यापक रूप से उस अंचल के सभी लोग करते है और कुछ नृत्य ऐसे है जिन्हें कोई विशेष जाति समुदाय द्वारा किसी विशेष अवसर, त्यौहार या अनुष्ठान के अवसर पर किया जाता है।

छत्तीसगढ़ में 'राउत नाचा' नृत्य, प्रमुख रूप से 'अहीर' या जिन्हें छत्तीसगढ़ में राउत कहा जाता है। उनका पारम्परिक नृत्य है इसे दिपावली से जोड़ा गया है। जिसमें 'गोवर्धन पुजा' की परम्परा समाहित है। आचार्य हजारी प्रसाद द्विवेदी ने 'अभीर जाति ' की चर्चा लोक के प्रेमाख्यानों के संदर्भ में की है। श्री कृष्ण और 'गोपाल संस्कृति' तथा ब्रज मंडल की लोक परम्पराओं से इसका गहरा संबंध है और इसी सांसकृतिक प्रेरणा केन्द्र से सारे उत्तर भारत में पशुपालक समाज गोवर्धन पुजा और 'राउत नाचा' जैसे लोक नृत्य करता है। मध्यप्रदेश के बुंदेलखंड में इसे बरेदी नृत्य कहा जाता है- उत्तर प्रदेश के बुंदेलखंड के क्षेत्र में यह लोक नृत्य परम्परा पाई डंडा कही जाती है। गुजरात के सौराष्ट और कच्छ में पशुपालक समाज को 'मालधारी' कहा जाता है, गुजरात का प्रसिद्ध 'डांडिया नृत्य' मूल रूप इसी समुदाय का जाति गत नृत्य रहा होगा जो अब व्यापक रूप से गुजरात के सभी जाति वर्गों के अलवा देश के अन्य भागों में प्रचलित हो गया है। भारत के प्रसिद्ध और प्रतिष्ठित संस्कृति के अध्येता डॉ. वासुदेव शरण अग्रवाल ने अपने एक ग्रन्थ में भारत के सबसे प्राचीन लोक नृत्य 'हल्लीरास' की चर्चा की हैं जो ब्रज मंडल में होता था जिसमें गोप-गोपियाँ मिलकर, हाथ में डंडे लेकर मंडला वर्थ नृत्य करते थे। जब श्री कृष्ण ने मथुरा से अलग अपनी राजधानी द्वारिका को बनाया तब यदूवंशीयों की यह लोक परम्परा गुजरात में प्रचलित हुई। इस नृत्य को ब्रज की सांस्कृतिक परम्परा के साथ जोड़ कर देखना चाहिए।

इसी प्रकार छत्तीसगढ़ का प्रसिद्ध 'पंथी नृत्य' सतनामी समाज की एक नृत्य परम्परा है, इसे भी समुदाय विशेष के नृत्य की तरह समझना चाहिए। यहाँ यह ध्यान रखने योग्य है ि कइस देश के किसी ऐसे समाज में जो मुलतः निगुण भक्ति

परम्परा से जुड़ा रहे उसमें नृत्य की कोई लोक परम्परा अभी तक नहीं देखी गई। इस संदर्भ में सतनामी समाज का 'पंथी नृत्य' एक अपवाद है।

लोक नाट्य की परम्परा में छत्तीसगढ़ी रहस पर थोड़ा विचार करना जरूरी है-- इसलिए क्यों कि सारे भारत में 'श्रीमदभागवत्' पर आधारित नाट्य परम्परा को और कोई रूप मुझे कहीं दिखाई नहीं दिया। इसका मुल ब्रज का रास मंच है जिसकी लीला परम्परा का इतिहास काफी पुराना है। हम इसे बात पर विचार करना चाहिए की कितनी दूर तक छत्तीसगढ़ी रहस एक नाट्य परम्परा है और किस सीमा तक लीला परम्परा का एक लोक रूप जो लीला रूप से भी काफी अलग है। लीला रूप सिर्फ दो ही है- रामलीला और कृष्णलीला या रासलीला। यह नारायण के अवतारों की जगत लीला है। जिसमें एक रूप मर्यादा पुरूषोत्तम का है और दूसरा लीला पुरूषोत्तम का एक में वे अपने महान आचरण से भारतीय समाज का मूल 'मुल्य बोध' रचते है और दूसरे में रसेसवर होकर जीवन के आनंद की धनयता। एक परम्परा का आधार वाल्मिकी की रामायण और पर्वती काल में तुलसीदास की कृति रामचरितमानस है और दूसरी का आधार व्यास का श्रीमदभागवत। रास मंच पर बाद में हरीवंशपुराण, पदम्पुराण और विष्णुपुराण के साथ ही भक्ति आंदोलन के समय के कृष्ण भक्त कवियों विशेष रूप से सुरदास और रसखान की रचनायें भी शामिल करके लीला मंच के मुल पाठ और प्रस्तुति को काफी समृद्ध बनाया गया है। वैष्णव भक्ति आंदोलन, उसको चार प्रमुख दार्शिनिक साधक आचार्यों तथा उनके द्वारा प्रवर्त्ति वैष्णव भक्ति की दार्शिनिक अवधारणों का देश में व्यापक असर हुआ और ठीक इसी प्रकार भक्ति आंदोलन से जुडी साहित्य और कला परम्परा तथा लीला रूपों का भी पूर्ण । लेकिन यह विचारणीय तथ्य है कि ब्रज के रास मंच की लीला कहीं और देखने नहीं मिलती। मणिपूर में शरदरास, वसंत रास तथा महारास के प्रसंग बेहद कलात्मक, पारदर्शि और सुंदर है। लेकिन वास्तव में वे नृत्य रूप ही है। इसी प्रकार असम में सत्रिया रास की परम्परा का आधार भी नृत्य ही है। जबकि शंकर देव की प्रेरणा से राम कथा के कुछ कांडों का अंकीया नाट के रूप में लीला की भाँति ही मंचन किया जाता है। लेकिन ऐसा रास के संबंध में नहीं है। रास का कोई नाट्य रूप असम के सत्रों में भी नहीं संभव हुआ। नृत्य शैलीयों में विशेष रूप से दक्षिण में भागवत

और महाभारत के प्रसंग कथकलि और यक्षगान की परम्पराओं का आधार रहे है, यह मुल रूप से नृत्य परख शैलीया ही है।

देश के कुछ भागों में 'गीत गोविंद' के आधार पर शास्त्रीय शैली में नृत्य नाटिका और नृत्य प्रस्तुतियाँ हूई है। लेकिन रास की लीला परम्परा का विकास ब्रज मंडल के बाहर केवल छत्तीसगढ़ में ही हो सका। आश्चर्य है कि छत्तीसगढ़ में भी केवल बिलासपुर जिले के ग्रामीण क्षेत्र को छोडकर यह और कहीं नहीं विकसित हुआ। यदि हम रहस की शैली और प्रस्तुति करण पर विचार करें तो क्षेत्र की दृष्टि से 'राम नगर' (बनारस) की राम लीला परम्परा के अलावा इसकी और कोई तुलना नहीं की जा सकती। जिसे प्रसिद्ध अध्येता रिचर्ड सेकनर ने दुनिया का सबसे बड़ा 'रंगमंच' कहा है।

यह ब्रज की रास परम्परा से प्रेरित अवश्य है लेकिन इसमें लीला मंच और नाट्य रूप का एक संश्लेष है जो इसी विलक्षण बनाता है। भागवत और महाभारत के कुछ पात्रों की मुर्तियों का निर्माण और एक गाँव को विभिन्न प्रसंगों के मंचन का स्थल बनाकर पूरे क्षेत्र को ही एक विशाल रंगमंच में बदल दिया जाता है, क्या कोई और कला रूप भारत में ऐसा है जिसमें ऐसा किया जाता है?

'पंडवानी' कथा गायन का विकास एक लंबी यात्रा में हुआ है। यह परधान गौड गाथा गायकों से गुमंतु समुदाय 'देवार' के पास आया, और उनके माध्यम से छत्तीसगढ़ी लोक में। अपने मुल स्वरूप में परधानों की यह गाथा जनजातिय स्मृति और कल्पना शीलता के भीतर रची गई है। जिसका ताना बाना महाभारत के आख्यान से मिला दिया गया है। कलात्मक दृष्टि से इसका बड़ा मुल्य है क्योंकि देश में किसी और जनजाति ने महाभारत का आख्यान स्थानीय प्रकृति और समृति के भीतर पूर्ण रचित नहीं किया है।

देवार समुदाय जो अपने अतीत में कभी संगीत जीवि गुमंतु समुदाय रहा होगा। उनमें परधानों से इसे ग्रहण कर एक 'गाथागीत' जैसा रूप दिया और उसे संगीत की दृष्टि से अधिक रोचक और विविधता पूर्ण बनाया। छत्तीसगढ़ी लोक समाज में व्यास के महाभारत की स्मृति थी–उसने शास्त्रोक्त व्यास कृत महाभारत के छत्तीसगढ़ी पद्यबद्ध पाठ, (जिसे सबल सिंह चौहान ने रचा) को आधार बनाकर पंडवानी गाना शुरू किया, इसलिए मुझे लगता है कि शैली के बजाए दो

प्रकार के पाठों का अंतर अधिक है, फिर भी लोक मंच की दृष्टि से इसका बहुत मुल्य है।

छत्तीसगढ़ी 'नाचा' लोकनाट्य की परम्परा का वह रूप है। जिसे हम सामाजिक रंग परम्परा का प्रहसनात्मक रूप कह सकते है- जीवन के यथार्थ में मौजुद विद्रूप और असंगति की मारमीक और तीखी आलोचना का लोक मंच है। 'नाचा'।

धर्म-वर्ण, जाति, अमीर-गरीब के संबंधों में जो अंतर विरोध और विडंबनाए उभरती है। यह उनकी तीखी आलोचना करता है, लेकिन अपने स्वभाव को सहज हास्य परख बनाए रखता है। 'स्वांग और गम्मत' 'तमाशा' और 'सांग' इसी प्रकार की लोकशैलीयाँ है। जिन्हें हम सामाजिक रंग कर्म का विस्तार और उसका रूप कह सकते है।

'नाचा' रंगकर्म का सौभाग्य है कि इसे बेहद प्रतीभाशाली छत्तीसगढी लोक कलाकार मिले। जिन्होंने इसे अत्यंत लोक प्रिय नाट्य शैली के रूप में स्थापित किया। 20 वीं सदी के महान भारतीय रंग कर्मी श्री हबीब तनवीर ने नाचा लोक शैली के तत्वों और छत्तीसगढ़ी नाचा लोक कलाकारों के साथ एक अद्भुत रंग संश्लेष गढ़ा जो लोक और समय कालीन, ग्रामीण और आधुनिक तथा स्थानीय और वैश्विक और एक साथ था। उन्होंने इस शैली के आधार पर भारत में आधुनिक रंग कर्म का मुहावरा ही बदल दिया। छत्तीसगढ़ के बाहर, छत्तीसगढ लोक जीवन और संस्कृति की पहचान, इस रंग प्रयोग से श्री तनवीर ने बनाई जिसका आधार नाचा शैली थी।

'नाचा' के बहाने हमें भारत में लोक रंग कर्म की उस परम्परा का अध्ययन करना चाहिए जो जीवन के यथार्थ की गहरी आलोचना दृष्टि से पूर्ण रहा है। लेकिन किसी यथार्थ वादी शैली में रूढ़ नहीं हुआ, जो साधान हीन रंग मंच था, लेकिन लोगों में जिसकी लोक प्रियता का अनुमान करना कठिन था। जो नाट्य के लिए अप्रशिक्षित निरक्षर अथवा बहुत कम पढ़े-लिखे लोगों द्वारा संभव किया जा रहा था, लेकिन जिनकी सहज प्रतीमा असीम थी, उनके आगे नाट्य स्कूलों में प्रशिक्षित रंग कर्मी भी चकित रह जाते है। इस संदर्भ में हमें बिहार के भोजपुरी क्षेत्र में भिखारी ठाकुर के विदेशिया लोक रंग शैली में किये प्रयोग और उनकी अपार

सफलता को समरण करना चाहिए। जिन्होंने लोक में सामाजिक रंग कर्म की इस परम्परा को नये सिरे से जीवन्त और प्रासंगिक बना दिया।

छत्तीसगढ़ी की लोकधर्मी नृत्य-नाट्य तथा गायन परम्पराओं के विभिन्न कला रूप पर श्री महावर ने विस्तार के साथ विश्लेषण परख अध्ययन प्रस्तुत किया है- लेकिन एक और कारण से इस ग्रंथ का मुल्य बढ़ जाता है- उन्होंने प्रत्येक लोक शैली के विश्लेषण के साथ उस रूप के साथ जुड़ी वाचिक परम्पराओं के प्रमाणिक गीतों को भी इसमें शामिल किया है। जनजातिय और लोक परम्परा के ये गीत कुछ तो अध्येताओं द्वारा पूर्व में संकलित किये गये है। जिन्हें साभार इस ग्रंथ में शामिल किया गया है और कुछ रचनाए उन्होंने स्वयं संकलित की है।

प्रदर्शनकारी लोक रूपों के साथ, एक समृद्ध लोक साहित्य परम्परा भी विकसित होती है और यह वाचिक साहित्य की अमुल्य निधि है। किसी अध्येता को लोक नृत्यों के साथ गाय जाने वाले गीतों का विशाल संग्रह करना चाहिए- कर्मा, ददरिया, पंथी, सुआ, मोजली, डंडा, फाग तथा राउत नाचा के गीत समृद्ध लोक साहित्य है और इसका सौंदर्यात्मक महत्व तथा काव्य मुल्य बहुत अधिक है।

लोक भाषाओं के साथ जनजातिय बोलियों में भी विविध नृत्यों के साथ संबद्ध गीत परम्परा के कुछ सुंदर उदाहरण महावर जी ने इस ग्रंथ में शामिल किये है। जनजातीय बोलियों की मौखिक साहित्य परम्परा का अध्ययन, संकलन बहुत कम हुआ है। अर्थात लोक भाषाओं की तुलना में इनके संकलित पाठ देखने नहीं मिलते अच्छातो यह हो कि इन जनजातिय क्षेत्रों में ही रहने वाले और इन भाषाओं का सहज व्यवहार करने वाले लोग ही यह कार्य करे और यथा संभव हिन्दी में उनके अनुवार उपलब्ध करवाये, इससे इन जनजातियों की शब्द रचना और सहज काव्य प्रतीभा से लोगों का परिचय बढेगा और यह सारा साहित्य संरक्षित भी हो जाएगा।

'लीला नाट्य' रहस तथा 'नाचा' के पाठों और पुरानी पोथीयों में रहस के जो भी पाठ 'रहस' के वरिष्ठ कलाकारों के पास उपलब्ध है, उनका संकलन और प्रकाशन भी स्वतंत्र पुस्तक के रूप में होना चाहिए। क्योंकि यह नाट्य साहित्य अभी तक लोगों के समकक्ष नहीं आया है। 'ब्रज रास' और 'छत्तीसगढ़ी रहस' की शैली का अंतर तो प्रदर्शन, मंचन में प्रकट होता है, लेकिन इनकी प्रसंग रचना

और पाठ में कितनी समानता और विलक्षणता है, इसे तो पाठ के संकलन से ही जाना जा सकता है। छत्तीसगढ़ के लोग अपनी भाषा और लोक संस्कृति और तथा लोक रूपों और शैलीयों से बहुत प्रेम करते है। भारत में उन कुछ गिने-चूने जनपदों में छत्तीसगढ़ एक है। जहाँ लोक परम्पराएँ और लोक की कला इस आत्मीयता और अनुराग के कारण जीवंत और समृद्ध, जीवन में शामिल और प्रासंगिक बनी हुई है।

मुझे पुरा विश्वास है कि श्री महावर द्वारा लिखे इस पुस्तक से छत्तीसगढ़ी लोक संस्कृति के संदर्भ में पाठकों के संज्ञान में वृद्धि होगी और इसे छत्तीसगढ़ के संस्कृति अनुरागीयों की सराहना प्राप्त होगी।

20 दिसम्बर, 2012 **–डॉ. कपिल तिवारी**

अनुक्रम

निरंतर : प्रस्तावना 9

अध्याय-1 : भूमिका 25

अध्याय-2 : बस्तर क्षेत्र का लोकरंग 33

अध्याय-3 : सैला नृत्य 55

अध्याय-4 : भोजली 58

अध्याय-5 : सुवा नृत्य और गीत 63

अध्याय-6 : ददरिया 80

अध्याय-7 : होली पर्व एवं फागगीत 85

अध्याय-8 : डंडा नाच 90

अध्याय-9 : करमा नृत्य 92

अध्याय-10 : राऊत नाच 105

अध्याय-11 : बैगा जनजाति और विवाह नृत्य नाट्य 111

अध्याय-12 : कमारों का विवाह नृत्य 120

अध्याय-13 : माओपाटा : बस्तर की मुरिया जनजाति का एक नृत्य नाट्य 123

अध्याय-14 : बस्तर का भतरा नाट 132

अध्याय-15 : पंडवानी 139

अध्याय-16 : नाचा : छत्तीसगढ़ का एक प्रमुख लोक नाट्य स्वरूप 147

अध्याय-17 : रहस 155

रहस का छत्तीसगढ़ी साहित्य 162

लोकरंग : छत्तीसगढ़

अध्याय-1

भूमिका

छत्तीसगढ़ भारत के केन्द्र में स्थित है इसलिये हम इस प्रदेश को भारत का हृदय स्थल भी कहते हैं। यह प्रदेश एक नवम्बर सन् 2000 ईसवीं में अस्तित्व में आया। इसके पूर्व यह मध्यप्रदेश का अंग था। छत्तीसगढ़ी भाषी सोलह जिलों को मिलाकर इस नये प्रदेश का गठन किया गया। इस प्रदेश की दक्षिण की दक्षिणी सीमा आन्ध्रप्रदेश से जुड़ी हुई है। पश्चिमी सीमा महाराष्ट्र प्रदेश को स्पर्श करती है। उत्तर पश्चिमी सीमा का निर्माण मध्यप्रदेश करता है। प्रदेश के पूर्व में उड़ीसा तथा झारखण्ड प्रदेश स्थित है। प्रदेश का कुछ भाग बिहार और उत्तरप्रदेश से संलग्न है। देश के केन्द्र स्थल में स्थित होनें के कारण संपूर्ण भारत से लोग यहाँ आकर बसते रहे हैं। प्राचीन काल से ही यह सिलसिला चला आ रहा है।

रामायण काल में इस भूभाग को या इस भू भाग के कुछ अंश को दण्डकारण्य कहा जाता था। उसके पश्चात् इस क्षेत्र को दक्षिण कोसल नामकरण से सम्बोधित किया जाने लगा। इस क्षेत्र में प्रागएतिहासिक काल से मानव सभ्यता के अस्तित्व के प्रमाण उपलब्ध हैं। महानदी घाटी में तथा रायगढ़ जिले के अनेक स्थानों पर उस काल के पत्थर के औजार प्राप्त हुए हैं। सिंघनपुर और कबरा पहाड़ में अनेक शैलाश्रय मिले हैं जो प्रागएतिहासिक काल के मानव के निवास स्थान थे। इन शैलाश्रयों की भित्तियों पर पशुओं के तथा आखेट के चित्र मिले हैं, जो हिरमिची (लोह अयस्क) द्वारा बनाए गये हैं। इनमें से बाद में प्रकाश में आये अनेक शैलाश्रयों में ज्यामितीय रूपाकार चित्रित किये हुए प्राप्त हुए हैं। इन शैलाश्रयों की पर्वत श्रृंखला उड़ीसा में स्थित बेलपहाड़ तक चली गई है। अभी भी इस पर्वत श्रृंखला के पूरे सर्वेक्षण की आवश्यकता है। अभी हाल ही में कांकेर

जिले के चारामा क्षेत्र में भी कुछ शैलाश्रय मिले हैं जिनकी भित्तियों पर चित्रण किया हुआ है।

उत्तर पाषाण काल में मानव सभ्यता के प्रमाण बिलासपुर, धनपुर, महानदी घाटी क्षेत्र से प्राप्त हुए हैं। नवपाषाण काल के औजार अर्जुनी (दुर्ग जिला), टेरम (रायगढ़) से प्राप्त हुए हैं। पाषाण कालीन तथा महापाषाण कालीन, एवं प्रागएतिहासिक काल की अनेक पुरावस्तुएं, शैलाश्रय भित्ति चित्रित शैलाश्रयों के प्रमाण बस्तर, कांकेर, राजनांदगांव, रायगढ़, दुर्ग जिले के अनेक स्थानों से प्राप्त हुए हैं।

छत्तीसगढ़ का उल्लेख ग्रन्थों में उत्तर वैदिक काल से प्राप्त होनें लगता है। अनेक किवदंतियों एवं जनश्रुतियों में भी इस क्षेत्र का उल्लेख मिलता है, जैसे कौशल्या कोसल के राजा की पुत्री थी। राम के छोटे पुत्र को दक्षिण कोसल का राज्य प्राप्त हुआ था। इस क्षेत्र में सातवाहन काल की एक मुद्रा बालपुर से प्राप्त हुई है। किरारी ग्राम के एक सरोवर से प्राप्त काष्ठ स्तंभ जिसपर ब्राह्नीलिपी में आलेख उत्कीर्ण है, उसे सातवाहन काल का माना जाता है। वाकाटक काल से संबंधित उत्कीर्ण लेखों में भी इस क्षेत्र का उल्लेख मिलता है। समुद्रगुप्त द्वारा दक्षिण कोसल पर विजय का उल्लेख प्रयाग प्रशस्ति में उत्कीर्ण है। उस समय यहां के शासक महेन्द्र थे। यह क्षेत्र वाकाटक शासक नरेन्द्र सेन के अधीन था।

इस क्षेत्र में पांचवी शताब्दि में शरभपुरिया शासकों का राज्य स्थापित हुआ जिनकी राजधानी शरभपुर थी। परन्तु शरभपुर के स्थान का निश्चय अब तक नहीं हो पाया है। बस्तर में पांचवी शताब्दि में नल वंश का शासन स्थापित हुआ जो लगभग दो सौ वर्षों तक कायम रहा। बस्तर के अड़ेंगा नामक स्थान से प्राप्त मुद्रा पर इस वंश के राज्य मानदत्त बर्मन के पुत्र व्याघ्रराज का नाम अंकित है, यहाँ से उन्नीस स्वर्ण मुद्राह प्राप्त हुई है। कुलिया ग्राम से भी इस राजवंश के सिक्के प्राप्त हुए हैं।

शरभपुरियों के पश्चात् इस क्षेत्र पर सोमवंशी शासकों का राज्य स्थापित हो गया। इस वंश के वंश के आरंभिक शासक का नाम उदयन का उल्लेख मिलता है। नलवंश के पश्चात् दक्षिण कोसल में सोमवंशी शासकों का राज्य स्थापित हुआ। उनके बाद पाण्डुवंश, बाणवंश एवं कल्चुरी वंशी शासकों ने इस क्षेत्र पर

शासन किया। सोमवंशीय शासन लगभग दो शताब्दियों तक चला जिसका आरंभ दसवीं शताब्दि में हुआ था। त्रिपुरी के कल्चुरियों की एक शाखा ने दक्षिण कोसल पर शासन किया और रतनपुर को अपनी राजधानी बनाया। कल्चुरियों शासकों में सबसे प्रतापी राजा जाजल्यदेव प्रथम हुए जिन्होने 1095-327 तक शासन किया। रतनपुर के कल्चुरियों की एक शाखा चौदहवीं शताब्दि में रायपुर में स्थापित हुई। रायपुर का अन्तिम कल्चुरी शासक अमरसिंह देव था।

जब दक्षिण कोसल का शासन कल्चुरियों के अधीन था उस काल में बस्तर में छिंदक नागवंशियों का शासन था। इस वंश का प्रथम शासक नृपति भूषण था। इन शासकों के अधीन छै लाख सतरह हजार ग्राम थे। इनका एक प्रतापी नरेश सोमेश्वर था जो कल्चुरि नरेश जाजल्लादेव से पराजित हो गया था। बस्तर के छिंदक नागवंश के अतिरिक्त कवर्धा में भी नागवंशी शासकों का शासन था जो फणिनागवंश कहलाता था। इसे राज्य के संस्थापक अहिराज थे। कवर्धा के भोरमदेव मंदिर एवं मड़वा महल का निर्माण फणिनागवंशी शासकों ने ही करवाया था। कांकेर में सोमवंशी शासकों का शासन था। बस्तर में छिन्दक नागवंशी शासन के पतन के पश्चात् वारंगल से आये काकतीय शासकों ने काकतीय शासन की स्थापना की जो भारत की स्वतंत्रता के पश्चात् भारत में देशी रियायतों के विलय तक जारी रहा।

दक्षिण कोसल में रतनपुर के शासन मराठों के आक्रमण के साथ सन् 1758 ईसवीं में समाप्त हो गया और यह क्षेत्र नागपुर के मराठे भौंसलों के अधीन आ गया। यहां के प्रथम मराठा शासक बिम्बाजी राव भोंसले हुए। उनके पूर्व भोंसलों के प्रतिनिधि मोहनसिंह यहां का राजकाज देख रहे थे। सने् 1817 ईसवी में सीताबर्डी के युद्ध में मराठों की अंग्रेजों के द्वारा पराजय के पश्चात छत्तीसगढ़ अंग्रेजी शासन के अधीन आ गया। भारत की स्वतंत्रता के पश्चात् सन् 1947 ईसवीं में छत्तीसगढ़ में भी अंग्रेजी शासन समाप्त हो गया और यह क्षेत्र भी भारत का अंग बन गया। छत्तीसगढ़ की रियासतों के भारत में विलय के उपरान्त यह भारत का अंग बन गया।

सन् 1857 के स्वतंत्रता आंदोलन में भी छत्तीसगढ़ का महत्वपूर्ण योगदान रहा है। सोनाखान के बिंझवार जमींदार नारायण सिंह ने अंग्रेजी शासन के विरूद्ध

विद्रोह हेतु एक सैन्य टुकड़ी का गठन किया था, जो पकड़ लिये गये और उन पर जेल में ही मुकदमा चला। 10 दिसम्बर 1857 को उन्हें फांसी दे दी गई। 18 जनवरी सन् 1858 को अंग्रेजी फौज की ही एक टुकड़ी ने मैग्जिन लश्कर हनुमान सिंह के नेतृत्व में विद्रोह कर दिया था जो कुछ घंटों में दबा दिया गया। हनुमान सिंह तो फरार हो गये परन्तु उनके सतरह साथियों को गिरफ्तार कर लिया गया और उन्हें 4 जनवरी 1858 को फांसी दे दी गई।

छत्तीसगढ़ की संस्कृति को इतिहास के अतिरिक्त प्रभावित करने वाले अन्य तत्वों का भी अवलोकन करना समीचीन होगा। छत्तीसगढ़ राज्य का कुल क्षेत्रफल 1,35,133 वर्ग किलोमीटर है। यहाँ की जनसंख्या 1,76,14,928 है जिनमें से अनुसूचित जनजाति की जनसंख्या 57,17,124 (37.13%) एवं अनुसूचित जाति की संख्या 21,48,358 (4.32%) है। इनके अतिरिक्त पिछड़ी जातियां भी है जो कृषि एवं अनेक प्रकार के शिल्प कार्यों में संलग्न है। छत्तीसगढ़ स्वतंत्रतापूर्व एक कृषि प्रधान क्षेत्र था परन्तु आजादी के बाद यहाँ अनेक छोटे, मंझले एवं बड़े उद्योग लगे और यह मिश्रित अर्थ व्यवस्था का क्षेत्र बन गया है, यद्यपि अभी भी यह प्रदेश प्रमुख रूप से कृषि प्रधान ही है। अंग्रेजी शासन काल में तो इस प्रदेश को धान का कटोरा कहा जाता था। ग्रामीण जनसंख्या नागर जनसंख्या की तुलना में लगभग पांच गुणी है। ग्रामीण जनसंख्या जहां एक ओर 1,45,50,235 है वहीं दूसरी ओर नागरजनसंख्या केवल 30,64,693 ही है। यही कारण है कि इस क्षेत्र में लोक कलाएं आज भी सुरक्षित हैं और उन्हें ग्रामीणजनों का संरक्षण उपलब्ध है। यहां वनों का कुल क्षेत्रफल 60% के करीब है परन्तु वनाच्छादित प्रदेश लगभग 40% ही कहा जाएगा। इन्हीं वनाच्छादित क्षेत्रों में अधिकांश जनजातियां निवास करती है जिनकी अर्थव्यवस्था कुछ कृषि पर एवं कुछ वनाधारित है।

यह विशाल भूभाग 170 46, उत्तरी अक्षांस से 2406 अशांस तथा 80015 पूर्वी देशान्तर से84051 के स्थित है। इस प्रदेश का विस्तार उत्तर-दक्षिण में 650 किलोमीटर तथा पूर्व पश्चिम में 385 किलोमीटर है। इस क्षेत्र में विशाल उच्च सम भूमियां या पठार स्थित हैं। बस्तर का पठार पर बस्तर तथा दंतेवाड़ा जिले का अधिकांश भाग स्थित है। उसी प्रकार से सरगुजा जिले में पठारों को पाट कहा

जाता है। इन पाटों में से सबसे ऊँचा पाट मैनपाट है जहाँ की शीतल जलवायु के कारण तिब्बती शरणार्थियों को वहाँ बसाया गया है। इस पठार का विस्तार सरगुजा एवं कोरिया जिले की मनेन्द्रगढ़ तथा सूरजपुर की तहसीलों तक है। यही पठार विन्ध्य प्रदेश तक चला गया है। इस पठार की उच्चतम चोटी मिलन समुद्र सतह से 1077 मीटर ऊँची है। अन्य पर्वत चोटियां से 366 मीटर, धनवारसा 359 मीटर तथा कैरो 305 मीटर ऊँची हैं। बस्तर में तुलसी डोंगरी चार हजार फीट से अधिक ऊँची है वहीं बैलाडिला एवं अबूझमाड़ स्थित चोटियां 3500 फीट से चार हजार फीट ऊँची है।

उपरोक्त पठारों के अलावा सतपुड़ा पर्वत की मैकल पर्वत श्रेणी है जो अमरकंटक से राजनांदगांव तक फैली हुई है। मैकल पर्वत की सबसे ऊँची चोटी लीलवानी है जिसकी समुद्र सतह से ऊँचाई 326 मीटर है। इस पर्वत श्रेणी से छोटी बड़ी कई एक नदियां निकली हैं। उत्तर में मैकल पूर्व में सरगुजा विन्ध्य के पठार तथा दक्षिण में बस्तर के पठारों के बीच छत्तीसगढ़ का उपजाऊ मैदानी भाग स्थित है, जो एक कटोरे के समान है। छत्तीसगढ़ में तीन नदी घाटी प्राकृतिक प्रणालियां हैं। जिनमें से एक इन्द्रावती-गोदावरी, दूसरी महानदी एवं उसकी सहायक नदियों की तथा तीसरी हसदो-बांगो एवं उनकी सहायक नदियों की। अधिकांश सभ्यताएं इन्हीं नदी घाटियों के मध्य विकसित हुई हैं। इस ग्रन्थ में हमारा अध्ययन क्षेत्र अधिक प्राचीन काल से संबंधित नहीं है। अतः हम मोटे तौर पर ही यहां की भौगोलिक एवं ऐतिहासिक पृष्ठभूमि का अध्ययन प्रस्तुत कर रहे हैं। लोकरंग छत्तीसगढ़ छत्तीसगढ़ की लोक संस्कृति का विशेष रूप से रंग संस्कृति का दस्तावेज है, परन्तु ऐसे अनेक तत्व जिन्होंने इस संस्कृति को विकसित करने में महत्वपूर्ण योगदान किया है उनका उल्लेख किये बिना ग्रन्थ का उद्देश्य पूरा नहीं हो पाता।

यहाँ की जलवायु गर्म एवं आर्द्र है। यहां 40-60 वर्षा होती है। यहाँ शीतकाल में दिन का औसत तापमान 170 सेंटीग्रेड तथा रात्रि का तापमान 40 सेंटीग्रेड के बीच होता है तथा ग्रीष्म ऋतु का तापमान दिन में औसतन 400 से 450 सेंटीग्रेड एवं रात्रि में 270 से 350 सेंटीग्रेड के बीच होता है। वर्षा ऋतु जून से सितम्बर माह तक होती है जो मानसून के जरिये होती है। यहाँ के वर्षावनों को

प्रशासन ने आरक्षित वन, संरक्षित वन, अवर्गीकृत वन की श्रेणियों में वर्गीकृत किया है। यहाँ के वनों में सरई (साल) सागौन, हल्दू, सालियां, सीसम, बीजा, बांस आदि इमारती काष्ठ के वन तथा मिश्रित वनों में जिन्हें आदिवासी आड़जात के वन कहते हैं, उनमें हर्रा, बेहड़ा, आंवला, करंज, महुआ, इमली, तेंदू, चिरौंजी, कुसुम जैसे पचास से भी अधिक उपयोगी वृक्षों की प्रजातियां तथा दो सौ से अधिक वनोषधियों के वृक्ष तथा झाड़ियां और पौधे पाये जाते हैं। इन आड़जात वनों से ही आदिवासियों को सर्वाधिक वनोपज प्राप्त होती है जो उनके अर्थशास्त्र का महत्वपूर्ण अंग है।

छत्तीसगढ़ में अनेक जनजातियां निवास करती है जो यहां की मूल निवासी हैं। वे सब आदिवासी कहलाती है क्योंकि वे यहाँ आदिकाल से निवास कर रही हैं। इन जन जातियों में सबसे बड़ी और सर्वाधिक महत्वपूर्ण गोंड जनजाति है। गोंड जनजाति की अनेक उप जातियां है। उदाहरण के लिए बस्तर के मुरिया, माड़िया, अबूझमाड़िया, दोरला, तथा भतरा ये सभी जनजातियां विशाल गोंड जाति की ही उपजातियां हैं और अब उनकी अपनी स्वतंत्र जाति के रूप में पहचान बन चुकी है। दूसरी महत्वपूर्ण जनजाति बैगा है। इनके अलावा एक बड़ी जनजाति उरांव है जो छत्तीसगढ़ के अलावा झारखण्ड में भी बहुत बड़ी जनसंख्या के रूप में निवास करती है। कमार एक अत्यन्त आदिम अवस्था में रहने वाली जनजाति है। इसी प्रकार से कोरवा जनजाति भी अत्यन्त आदिम अवस्था में रहने वाली जनजाति है। अगरिया, बिंझवार, नगेसिया, खैरवार कवर एवं भूंजिया, धुरवा या परजा जैसी अन्य जनजातियाँ है।

छत्तीसगढ़ की संस्कृति तथा लोक कला रूपों में से अनेक का उद्भव जनजातियों से हुआ है। कालान्तर में ये ही कलारूप ग्रामीण कृषक समाज तक पहुँच गए और वहाँ उनमें और अधिक परिष्कार हुआ। वर्तमान समय में हम जिन कला रूपों को लोक कला कहते हैं वे सब भारतीय कृषक समाज की ही देन हैं। वास्तव में संपूर्ण भारतीय संस्कृति ही कृषक संस्कृति है और जिन कलारूपों को हम शास्त्रीय कहते हैं वे भी कृषक समाज के धन द्वारा ही पोषित रही हैं। नागर कला रूपों को जिनका स्थान राज प्रासादों में या मंदिरों में उद्भव हुआ वे द्विज या अभिजात्य वर्ग के द्वारा परिष्कृत होते गए और पण्डितों ने उन पर शास्त्रों की रचना

कर दी। यहाँ इस ग्रन्थ का उद्देश्य छत्तीसगढ़ के लोकरंग या लोककला रूपों का एक दस्तावेज तैयार करना है जो वर्तमान समय में लोक रंजन का कार्य कर रहे हैं। इन कलारूपों में हम आदिवासियों के कला रूपों एवं ग्रामीण कलारूपों, दोनों को ही अपने अध्ययन में सम्मिलित करेंगे। आदिवासियों के रंगकर्म एवं ग्रामीणों के लोकरंग में विभेद करना उचित प्रतीत नहीं होता। आदिवासियों के भी अपने नृत्य, गायन, नाट्य स्वरूप हैं जो अपने आप में अत्यन्त समृद्ध हैं। उसी प्रकार से ग्रामीण समाज के कलारूप भी उतने ही समृद्ध हैं,काफी सीमा तक कहीं अधिक परिष्कृत। भारतीय समाज की एक महत्वपूर्ण विशेषता यह रही है कि आदिवासी, ग्रामीण एवं नागर कलाओं में अत्याधिक आदान प्रदान रहा है। अनेक नागरजन इसी पीढ़ी या एक दो पीढ़ियोंपूर्व ही ग्रामों से नगरों में जाकर बसे हैं। बहुत से ग्रामीण परिवारों के कुछ लोग कस्बों या शहरों में आकर बस गये तो उन्हीं परिवारों के कुछ लोग ग्रामों में रहकर अपनी खेती बाड़ी करते रहे। शुद्ध रूप से नागर कहे जाने वाली जनसंख्या का प्रतिशत बहुत थोड़ा है। यही कारण है कि ग्रामीण आबादी में और शहरी आबादी में सांस्कृतिक आदान प्रदान के सम्बन्ध बने रहे। जो तीज त्यौहार जिस प्रकार से ग्रामीण मनाते हैं उन्हीं तीज त्यौंहारों को कस्बों और शहरों के लोग भी लगभग उसी प्रकार से मनाते हैं।

यहाँ लोकरंग की समृद्ध परंपरा विद्यमान है, इनमें से अनेक कलारूप तो अपने आप में अनूठे हैं। यहाँ के लोकगीत बहुत समृद्ध हैं और प्रत्येक अवसर के लिये यहां लोकगीत विद्यमान हैं। छत्तीसगढ़ी एवं यहाँ की अन्य भाषाओं में जन्म से लेकर मृत्यु के अवसर तक के लोकगीत मिलते हैं। कुछ जातियाँ गाथा गायन करती है। देवार, राउत, बसदेवा, परधान जातियाँ गाथा गायन करने वाली जातियाँ हैं। परधान एवं देवार दोनों ही जातियों के गायक पंडवानी, गोंडवानी, रामायणी जैसी विशाल गाथाएं गाते हैं। ये गाथाएं इतनी बड़ी है कि इन्हें हम लोक के महाकाव्य कह सकते हैं। देवार इन गाथाओं के अतिरिक्त भी कुछ गाथाएं गाते हैं जैसे दसमत ओड़निन, गोपालराय बिंझिया का पंवाड़ा, राजा कल्याण साय का पंवाड़ा, वीरसिंह का पंवाड़ा आदि। पंडवानी महाभारत आख्यान पर एवं रामायणी रामायण आख्यान पर आधारित हैं, यद्यपि उनकी गाथाओं में अनेक भेद हैं। इन गाथाओं में आदिवासियों के मिथक, मान्यताएं एवं अनेक स्थानीय तत्व घुलमिल

गये हैं देवार एवं परधान दोनों ही सारंगी की संगत पर गाथाएं गाते हैं। देवारों की सारंगी चिकारा सदृष्ट होती है और उसमें नारियल के खोल का उपयोग होता है जबकि परधानों की सारंगी पूरी की पूरी काष्ठ द्वारा निर्मित होती है।

राऊतों की गाथाएं देवारों एवं परधानों से भिन्न हैं। ये अपनी गाथाएं तीन चार फीट लम्बे बांस की संगत पर प्रस्तुत करते हैं जिन्हें ये गायक बांसगीत कहते हैं। इनकी प्रमुख गाथाओं में लोरिक चंदा या चंदा कैनी, अहिमन रानी, केवला रानी, कंवलारानी, फूल बासन, भुजबल, निरसिंह बीरसिंह है। बसदेवा वैष्णव भक्त है और वैष्णव धर्म से संबंधित गाथाएं गाते हैं, जिनमें श्रवण कुमार, राजा गोपीचंद, भरथरी आदि गाथाएं प्रमुख है। ढोला मारू की गाथा भी छत्तीसगढ़ में प्रसिद्ध है।

आदिवासियों में भी उनके पुरा नायकों से संबंधित गाथाएं है। लिंगोपेन की गाथा गोंड जनजाति के आदि देव लिंगों की गाथा है। बैगाओं में नंगा बैगा की गाथा तथा अगरियाओं मे लोहासुर की गाथा प्रसिद्ध है। हल्बा भतरा जनजातियों में जगार गाथाएं जैसे तीजा जगार, लक्ष्मी जगार महत्वपूर्ण गाथाएं हैं। जगार गाथा तो लगभग चार हजार पदों की गाथा है। जगार गाथाएं तीन प्रकार की हैं : लक्ष्मी जगार, तीजा जगार एवं बाली जगार। ये गाथाएं देवताओं की उत्पत्ति से संबंधित हैं और वे इतनी विस्तृत है कि उन्हें लोक आख्यान कहना अधिक न्यायसंगत होगा। लक्ष्मीजगार और तीजा जगार का प्रचलन उत्तर एवं मध्य बस्तर में अधिक है वहीं बाली जगार का प्रचलन उड़ीसा एवं पूर्वी बस्तर में अधिक है, जिस क्षेत्र में भतरा निवास करते हैं। जगार गीतों की भाषा यद्यपि हल्बी है जो कि भारोपीय परिवार की भाषा है। परन्तु इन गाथाओं को प्रस्तुत करने वाली गुरूमाइयां किसी भी जाति की हो सकती है जैसे गांडा, पनिका, घड़ना, शुंडी और पनारा आदि। जगार गाथाएं स्त्रियों द्वारा ही गाई जाती है जो गुरूमाई कहलाती हैं। गुरूमाइयां हल्बा और धाकड़ जातियों की है अधिक हैं।

जगार शब्द का शाब्दिक अर्थ है जागृति या जागरण। जगार अनुष्ठान एवं गाथाओं के माध्यम से देवी की शक्तियों को जागृत किया जाता है। लक्ष्मी जगार का आयोजन धान की फसल कटने के पश्चात् किया जाता है। लक्ष्मी या श्री लक्ष्मी का अभिप्राय धान (धान्य) के रूप में स्थापित है और लक्ष्मी जगार का।

अध्याय-2

बस्तर क्षेत्र का लोकरंग

मुरिया जनजाति में अनेक प्रकार के नृत्य हैं। उनके सामाजिक जीवन में प्रत्येक अवसर के लिए पृथक नृत्य हैं जिनमें काफी विविधता है। नृत्य को उनकी भाषा में पाटा कहते हैं। जिस अवसर का नृत्य होता है उसका नाम पाटा के पूर्व उपसर्ग की भांति प्रयुक्त होता है जैसे दीपावली के अवसर पर किये जाने वाले नृत्य के लिए 'दीवाड़ पाटा'। इन गीत एवं नृत्यों को एन्डाना भी कहते हैं। मुरिया अपने खेलों को करसाना कहते हैं। करसाना शब्द का एन्डाना शब्द से भेद इस रूप में है कि वह अवसर विशेष का द्योतक है न कि अपने प्रस्तुतिकरण का। बहुत से नृत्य एन्डाना इसलिए नहीं कहलाते क्योंकि वे न तो किसी पर्व के अवसर पर किये जाने हैं और न ही विवाह या यात्रा के अवसर पर। ऐसे नृत्य अप्रासंगिक होते हैं। यद्यपि ये नृत्य हैं परन्तु इसी कारणवश उन्हें करसाना या खेल की संज्ञा दी गई है।

मुरियाओं के प्रमुख नृत्य हैं - दीवाड़ पाटा, चेरहे पाटा, पड़ली पाटा, पुरकोलोनी, माओ पाटा, डोल पाटा, ककसाड़ पाटा, हुल्की पाटा, कोलांग पाटा, अनपाटा, घोटुल पाटा, कोडा पाटा, डिंटांग पाटा, छेरता, मांदरी नाच और लिंगोपाटा। माओ पाटा शिकार कक्ष पर आधारित एक संपूर्व नृत्य नाट्य है अतः उसका एक स्वतंत्र अध्याय- में वर्णन प्रस्तुत किया गया है। कुछ नृत्य यात्रा के रूप में आयोजित किये जाते हैं जैसे 'दीवाड़ पाटा', 'छेरता' और 'हुल्की नृत्य'। दीवाड़पाटा दीवापली के अवसर पर किया जाने वाला नृत्य है। अविवाहित युवतियाँ जो घोटुल में मोटियारी कहलाती हैं वे सब घोटुल में एकत्र होती हैं और फिर वहाँ से समूह बनाकर नृत्य करते हुए निकलती हैं और प्रत्येक

घर के सामने जाकर नृत्य करती हैं। उसके पश्चात् वे अपने ही परगना के अन्दर एक गांव से दूसरे गांव जाकर सभी घरों के सामने नृत्य करती है। इस प्रकार से वे एक दिन में चार पांच गाँवों की यात्रा कर लेती हैं। उनकी यह नृत्य यात्रा सात दिनों तक चलती है। वे ग्राम के पटेल, सरपंच, गायता, गुनिया के घरों के सामने नृत्य करती हैं।

नृत्य करते समय ये युवतियाँ एक गोलाकार आकृति बना लेती हैं उस गोले के भीतर कुछ सिक्के भूमि पर फैला देती हैं और इस प्रकार से वे उस गाँव के युवकों का आव्हान करती हैं कि वे उन सिक्कों को उठावें। जब युवक उनके घेरे को तोड़कर उसमें प्रवेश करने का प्रयास करते हैं तो वे युवतियाँ अपने नृत्य द्वारा अवरोध उत्पन्न करने का प्रयत्न करती हैं। दीवाड़ पाटा के इस अंश को 'मुद्दा पाटा' कहते हैं। नृत्य के उपरान्त गृह स्वामी उन युवतियों को एक टोकरी चांवल या धान और कुछ रूपये प्रदान करते हैं। युवक उन युवतियों को हल्की चोंट पहुँचाते हैं। युवतियां अपने गीतों के माध्यम से उन्हें ऐसा करने से मना करती हैं। वे गीत गाती है -

हमने अवश्य ही तुम पर आघात किया था
जब तुम सिक्को को उठा रहे थे
परन्तु वह सब प्रेमवश किया था
तुम ऐसा मत करो
हमसे बदला मत लो।

जिस गाँव में वे संध्या समय पहुँचती है उसी गांव के घोटुल में वे रात्रि विश्राम करती हैं। उस गाँव के चेलिक (युवक) उनके मेजबान बनते हैं और उनके ठहरने एवं खाने-पीने की संपूर्ण व्यवस्था करते हैं। घोटुल में रात्रि विश्राम के अवसर पर गाये जाने वाले कुछ गीत यहाँ प्रस्तुत हैं -

1

पेज कनकी से बना है
अलयारो मालयारो !

तुम कहाँ जा रहे हो अलयार सिंह मलयार सिंह ?
हम कबूतर के एक जोड़े के समान हैं, अलियारो मलियारो !
हम अपने लिए पत्नियां ढूँढ़ने निकले हैं, अलियारो मलियारो
तुम कौन से देश को जा रहे हो अलयार सिंह मलियार सिंह ?
हम लांजीगढ़ जा रहे हैं अलियारो मलियारो !

2

औह बैल के चमकदार सींगों की तरह सुन्दर बेटी !
मैने इस बैल का मूल्य लगा दिया है !
पिता मुझे बहकाओ मत
पिता तुम मुझे बेच रहे हो
एक रूपया उतना ही व्यर्थ है
जितना किसी फूटे घड़े का टुकड़ा
ओ पिता फिर भी तुम्हें रूपयों से मोह है !
मद्य उतनी ही व्यर्थ है जितना निस्तेज घोड़ा
पिता फिर भी तुम्हे मदिरा इतनी प्रिय है
और तुम्हें मेरी परवाह तक नहीं।

3

मेरे पास सींग वाला गौर है, कोपा
मेरा गौर खो गया है, कोपा
साल वृक्षों वाली पहाड़ी पर, गायता
मैं उसे वहां चराने हेतु ले गया था
मेरे पास सोने का एक खूँटा और रस्सी है, कोपा।
अब वह खूँटा अकेला रह गया, कोपा
वह रस्सी हीरों से जड़ी हुई थी, कोपा।
अब वह रस्सी अकेली हो गई है, कोपा

मैं अब भरेवा कोबना पयरी पहनूंगी।
पयरी बजती है रूमझुम, रूमझुम
मैं अब कोचियो की चूड़ियां पहनूंगी।
मैं अब दुकानदार से कपड़े खरीदकर पहनूँगी
जब मैं उन कपड़ों को पहनूंगी
तब मेरी कमर लचकेगी रूमझुम रूमझुम
मैं सुनार की बाली पहनूंगी
गले का सूता बजेगा रूमझुम रूमझुम।
मैं कसेर की चड़ियां पहनूंगी
वे चूड़ियां बजेंगी रूम झुम रूमझुम।

डिटोंग पाटा या गेंड़ी नृत्य :

वर्षाऋतु में गांव के रास्ते कीचड़ से भर जाते हैं और उन पर चलना कठिन हो जाता है। उस समय गाँव के बालक बांस की गेंड़ी बनाते हैं और उन पर चलते हैं। बांस के दो लम्बे डंडों को नीचे के छोर से लगभग डेढ़ दो फीट की ऊँचाई पर पैर रखने के लिये बांस के एक डेढ़ फुट के टुकड़ अच्छी तरह खांचा बनाकर बांध दिये जाते हैं। बाँस के लम्बे डंडे लगभग छै फुट से आठ फुट लम्बे होते हैं। गेड़ी पर चलना भूमि पर पैदल चलने का एक अच्छा विकल्प है। बालक गेंड़ी का उपयोग हरियाली अमावश्या से आरंभ करते हैं। यह पर्व श्रावण मास में अमवस्या के दिन आता है। गेड़ी पर चढ़ना भाद्रपद के शुक्लपक्ष की पूर्णिमा तक जारी रहता है।

घोटुल के युवकों ने गेंड़ी को नृत्य के रूप में विकसित कर लिया है और इन नृत्यों में लगभग आठ दस प्रकार के नृत्य के भिन्न भिन्न प्रकारों का विकास कर लिया है। गेंड़ी के भूमि पर आघत से वे उसी प्रकार से संचालन करते हैं जैसे पद संचालन किया जाता है। वे दोनों गेड़ियों को आपस में टकरा कर एक प्रकार की ध्वनि उत्पन्न करते हैं जिसके माध्यम से नृत्य की गति में परिवर्तन किया जाता है या नृत्य के एक प्रकार से दूसरे प्रकार की ओर परिवर्तन किया जाता है। दो या

अधिक युवक गले में टिमकी लटका कर संगत देते हैं। टिमकी और गेंड़ी के भूमि पर आघात में तालमेल होता है। डेटांग नृत्य घोटुल के युवकों का एक प्रिया नृत्य है। गेंड़ी नृत्य के प्रदर्शन गणतन्त्र दिवस की परेड के अवसर पर दिल्ली में तथा अपना उत्सव में भारत के अनेक नगरों में आयोजित हो चुके हैं और उन्हें काफी प्रशंसा भी मिली है।

चिरहे पाटा :

'चिरहे पाटा' मुरियों का विवाह नृत्य है। यह नृत्य विवाह मंडप में किया जाता है और इसे 'मांडा पाटा' भी कहते हैं। इस नृत्य में भाग लेने के लिये उम्र का कोई बंधन नहीं होता है। बच्चे, बढ़ू युवक एवं अधेड़ सभी लोग इन नृत्य में सम्मिलित हो सकते हैं। काष्ठ के कुछ पक्षी बनाकर उन्हें बांस के एक डंडे के ऊपरी सिरे पर बैठा देते हैं। इन पक्षियों की रस्सियां इस प्रकार से बांधते हैं कि रस्सी खींचने पर वे पक्षी आपस में टकराएं। टकराने की इस ध्वनि का प्रयोग ताल के रूप में करते हुए नर्तक अपना पद संचालन करते हैं। यह एक प्रकार का वाद्ययंत्र बन जाता है जो चिरहे कहलाता है। ये पक्षी कन्या के अभिप्राय भी हैं जो विवाह के उपरान्त अपने पिता के घर से चली जाएगी। नृत्य के समय लड़कियाँ अपने हाथों में छोटे छोटे मंजीरे लेकर उन्हें बजाते हुए नृत्य करती हैं। मंजीरों की ध्वनि और पक्षियों के टकराने की ध्वनि में सामंजस्य बना रहता है, उसी ध्वनि के अनुरूप नृत्य का पद संचालन किया जाता है। यह नृत्य धीमी गति से चलता है। इस नृत्य के साथ गाये जाने वाले गीत चिरहे पाटा कहलाते हैं। ये गीत मुरियाओं के विवाह अवसर के गीत हैं। इन गीतों में वर एवं वधु के नाम उनके अभिभावकों के स्वभाव और विवाह स्थल पर उपस्थित मेहमान और मेजबानों के बीच इस विवाह को लेकर होने वाली चर्चा आदि गीतों के विषय होते हैं। मुरियों में विवाह की प्रत्येक रस्म के अवसर के लिए पृथक पृथक गीत हैं, जिनमें से कुछ गीत वे घोटुल में गाते हैं और कुछ विवाह मंडप में। वेरियन एल्विन ने ऐसे अनेक गीतों का आलेखन किया है।

ककसाड़ पाटा या लिंगो पाटा :

ककसाड़ पाटा मुरियाजनों का एक धार्मिक नृत्य है जिसे वे अपने महान देवता लिंगोपेन के सम्मान में करते हैं। मुरिया जनजाति में यह मान्यता है कि वे लिंगोपेन की संतान है। घोटुल संस्था उन्हें लिंगोपेन ने ही प्रदान की है। प्रथम संगीतज्ञ लिंगों ही थे। लिंगों के पास सोलह प्रकार के संगीत वाद्य थे, जो उन्होंने मुरियों को दे दिये और उन्हें नृत्य करना भी सिखाया। जब लिंगों इस जगत में अवतरित हुए तो उनके साथ दिव्य मोटियारी भी थीं। लिंगों ने अग्नि प्रकट की और मुरियों को उसका उपयोग करना सिखाया। लिंगोपेन ने महुवा की मदिरा की खोज की। लिंगो ने मुरियाजनों को टंगिया प्रदान किया और उन्हें वृक्ष काटना और उन्हें जलाना सिखाया। उन्हें बीज दिये और खेती करना सिखाया। लिंगों के सम्मान में गाया जाने वाला गीत यहां प्रस्तुत है।

जोहार जोहार ओ लिंगो !
मिंडा-लयरे से संगीत की ध्वनि उत्पन्न हो रही है,
कदुर कुम की ध्वनि।
अपनी कमर पर लिंगों ने पीतल की घंटियां बांध रखी है,
उसने पैर में पैजन पहन रखी है,
उसने अपने ओठों पर बांसुरी रख रखी है,
उसके कानों से भी संगीत ध्वनित हो रहा है
संगीत की ध्वनि प्रत्येक दिशा से सुनाई पड़ रही है।

एक अन्य गीत में मुरिया कहते हैं कि वे लिंगों पिन्नु का गीत गाते हैं, पिन्नु (भगवान) ने दुनियां बनाई, लोगों को बनाया। कुइ (गोंड) जनों को उत्पन्न किया। पानो जानों को उत्पन्न किया, साहबों को उत्पन्न किया। सांभर, हिरण, गाय और कंदमूलों का निर्माण किया।

लिंगो ने हमें गाना सिखाया
कैसे टपका (छोटा ताल वाद्य) बजाते है
कैसे लिसना (बड़ाताल वाद्य) बजाते हैं

कैसे मोहरी बजाते हैं
उन्होने सिखाया कैसे कंद और दालें उगाएं
उन्होने पहाड़ियों के ढलान पर वनों को काटना सिखाया
उन्होने कुंवारे युवक युवतियों को घोटुल में शयन करना सिखाया।
उन्होने उन्हें नाचना और गाना सिखाया
उन्होने उन्हें पशुओं की बलि देना सिखाया
उन्होने वनों को काट कर कृषि करना सिखाया
उन्होने हमें फसलों के लिए बीज प्रदान किये।

लिंगो पाटा :

ओ बारह लिंगो बन्धु
तुम्हारे लिये यहां हल्दी और आटा है
आओ लिंगो आओ !
हम हल्दी और आटे का उबटन तुम्हें लगाएंगे
हमें अज्ञात गीत प्रदान करो।
हमें अज्ञात नृत्य सिखाओ
प्रथम गीत तुम्हारा है। मुरिया गीत हमारे हैं
नृत्य के प्रथम पदचाल तुम्हारे हैं, मुरिया पदचाल हमारे हैं
मुरिया नृत्य चेलिक के हैं
आओ लिंगो आओ।
मदिरा सर्वप्रथम तुम्हें मिलेगी
हल्दी का लेपन सर्वप्रथम तुम पर ही होगा।
तुम्हारे साथ ही गाने में आनन्द आता है।

ककसाड़ नृत्य अत्याधिक लयात्मक होता है। युवक कमर पर घंटियां लगा हुआ पट्टा बांधते हैं। घंटियाँ नितम्बो पर झूलती हुई बंधी होती हैं। नृत्य करते समय नर्तक नितम्बों को लयात्मक रूप से एक साथ हिलाते हैं। घंटियां आपस में टकराकर नृत्य की ताल के साथ मिलकर लय बनाती है।

कुछ मुरिया गीत एवं नृत्य :

मुरियाजन बहुत अच्छे नर्तक है और उनके समाज में प्रत्येक अवसर पर्व एवं उत्सव हेतु नृत्य विद्यमान हैं। उनके नृत्य इतने आकर्षक हैं कि उनकी तुलना किसी भी जनजाति के नृत्यों से की जा सकती है। उनके नृत्यों में मांदर या ढोल के साथ किये जाने वाले नृत्य भी हैं और बिना उनके साथ किये जाने वाले नृत्य भी हैं। उनके कुछ नृत्य बांसुरी के संगीत के साथ किये जाते हैं। उनके कुछ नृत्य युवकों या युवतियों के लिये पृथक पृथक हैं, वहीं कुछ नृत्य मिलकर किये जाने वाले हैं बहुत से नृत्यों के साथ गीत भी गाये जाते हैं। वेरियर एल्विन के साथ उस समय के आल इंडिया रेडियों के एक अधिकारी ने कुछ दिनों यात्रा करके इन गीतों की स्वरलिपी तैयार की थी वे अधिकारी वाल्टर कॉफमैन थे जिन्होने 1941 में स्वरलिपि तैयार करने का कार्य किया था। उनके गीतों की धुने आदिम श्रेणी की हैं और वे अधिकतर तीन स्वर वाली या चार स्वर वाली और कभी कभी पंचम स्वर वाली भी होती हैं। कॉफमैन के मतानुसार ये धुनें सीधी, आनन्ददायक, प्रभावशाली और अत्यन्त प्राचीन हैं। कॉफमैन को उनके गीतों की टेक 'रेलो' उन्हें चीनी या तिब्बती सदृष्य प्रतीत हुई।

मुरिया नृत्य गीतों में रेलों, रेरे लोयो, रेरे लोया, रेरा रेला रेला, जैसे टेक प्रयुक्त होती हैं। रेलो नृत्य में दो दल होते हैं एक दल टेक को संभालता है और दूसरा दल गीत के बोलों को। रेलो गीतों की टेक के प्रकार यहाँ प्रस्तुत है -

1. ओ रे रे रेला रेला
2. रे रे लोयो रे रेला
3. ओ रे रे ए रेला रेरेला रेला रे रेला
4. रेला रे रेला ओय।

मुरिया पुराण कथा के अनुसार मुरियाओं को संगीत उनके आदिदेव लिंगों ने प्रदान किये हैं। लिंगों प्रथम संगीतज्ञ हैं जो दुनियाँ में सर्वप्रथम संगीत लाए। उनके पास संगीत के अठारह वाद्य थे जिन्हें वे एक साथ बजाते थे। एक लिंगों पाटा गीत में उनका वर्णन इस प्रकार किया गया है -

कंधे से लटकता ढोलराय
बगल में दबाया हुआ हकुम राय
जंघा पर लटकता मदन पर्री
टखनों के ऊपर पैजन राय
छाती पर लटकता ढुसिर राय
हवा से बजता हुआ झिकड़ राय
मुख से बजाए जाने वाला सुलुर राय।

ताल वाद्य मुरियाजनों के नृत्यों के आवश्यक अंग हैं। मुरियों ने अनेक प्रकार के तालवाद्यों का विकास किया है। निशान नंगाड़े का एक रूप हैं। यह एक विशाल वाद्य है जो त्यौंहारों के अवसर पर जैसे यात्रा या मड़ई के अवसर पर डंडों से बजाया जाता है। नंगाड़ें के साथ मोहरी बजाई जाती है जो शहनाई या नादस्वरम सदृष्य एक सुशिर वाद्य है। एक अन्य ताल वाद्य है 'गोगा ढोल'। इसे गाय की खाल से मंढ़ते हैं। यह कंधे पर से लटकता है और इसे एक ही डंडे से त्यौंहारों के अवसरों पर बजाते हैं। एक और प्रकार का ताल वाद्य है जिसके दोनों छोर गाय की खाल से मंढ़े होते हैं। इसे यहां ढोल कहते हैं। इसकी लंबाई 17 इंच और गोलाई में गहराई 15 इंच के लगभग होती है।

एक अन्य प्रकार का तालवाद्य जिसे मांदरी कहते हैं वह मिट्टी का बना होता है जिसे पकाया जाता है। इसे कुम्हार बनाते हैं और यह दोनों छोर पर मंढ़ा होता है। इस वाद्य का उपयोग विवाह नृत्य के साथ किया जाता है। इसका आकार एक विशाल डमरू सदृष्य होता है। दोनों छोर पर यह चौड़ा होता है और बीच में सकरा। ऐसे ही एक तालवाद्य को जो बनावट में थोड़ा भिन्न होता है परांग कहते हैं जो दोनों ओर से गाय की खाल से मंढ़ा जाता है। इसका उपयोग भी मांदरी की भांति ही होता है। कुल्की मांदरी भी डमरू आकार का ही एक वाद्य है परन्तु वह आकार में मांदरी से छोटा होता है। मिट्टी का ही एक अन्य तालवाद्य होता है जो आकार में काफी छोटा होता है, इसको यहां के लोग कुंदरी कहते हैं जो अर्धगोलाकार का होता है। इसे गोह की खाल से मढ़ा जाता है। यह छत्तीसगढ़ में प्रचलित टिमकी का ही एक रूप है जिसे गले में सामने की ओर लटकाकर बजाते हैं।

घोटुल मुरिया के मध्य काष्ठ का एक ताल वाद्य भी प्रचलित है जिसे पिटोड़का कहते हैं। काष्ठ के एक पांच छै इंच मोटे पटिये को खोलका करके इसे बनाते हैं। यह गले में लटकाकर दो डंडों से बजाया जाता है। इस वाद्य का प्रयोग घोटुल में तथा विवाह नृत्य में किया जाता है। पिटोड़का का शाब्दिक अर्थ है बुलबुल पक्षी।

मुरियों में कुछ तंतु वाद्य भी प्रचलित हैं। ये हैं सारंगी, ढूसिर और तोहेली। सारंगी और ढूसिर गज द्वारा बजाये जाते हैं। सारंगी काष्ठ के एक ही मोटे पटिये से बनाई जाती है और उसे एक छोर के चौड़े भाग को जिसे पेट कहा जाता है खोखला बना लिया जाता है जिसे गोह की खाल से मंढ़ लिया जाता है। ढूसिर नारियल की खोल से बनाया जाता है। इसे भी गोह के चमड़े से मंढ़ते हैं। गज के तंतु घोड़े के बालों से बनाये जाते हैं। गज बांस की खपची को मोड़कर बनाते हैं और घोड़े के बालों से ही उइसके तार। टोहेली भारतीय सितार के सदृष्य ही एक वाद्य होता है। एक अन्य तंतुवाद्य जो यहां प्रचलित है उसे डुमरी कहते हैं जो गिटार के समान होता है। इस वाद्य में पीतल के तारों का प्रयोग होता है। इसे भी विवाह गीतों के साथ बजाया जाता है। आजकल यह वाद्य लुप्त प्राय हो चुका है।

तोड़ी हिन्दी भाषा के तुरही का ही स्थानीय रूप है। तोड़ी शिकार हेतु प्रयुक्त होने वाला सींग। पहले इसे भैंसे के सींग से बनाते थे। कहीं कहीं यह टेराकोटा का भी बनाया जाता है। आजकल घड़वा शिल्पियों ने इसे कसकूट का बनाना आरंभ किया है और यही अधिक लोकप्रिय हो गया है। इसका प्रयोग घोटुल के युवक और गांव के लोग सन्देश पहुँचाने के लिये करते हैं। इसे हुकुम भी कहते हैं। इसका उपयोग पारद पर्व पर भी करते हैं। पारद का आयोजन खरीब की बुआई के पूर्व किया जाता है।

बस्तर के मुरियों माड़ियों में बांसुरी (शुशिर वाद्य) भी मिलता है जिसे यहां सोलड़ हुसोड़ या हलुड़ कहते हैं। यह भारतीय बांसुरी का ही एक प्रकार है जो चरवाहों का एक प्रिय वाद्य है। आजकल इसका प्रयोग शास्त्रीय संगीत में भी होने

लगा है। लोहे का बना हुआ मोरचंग (ज्यूज हार्प) भी यहां प्रचलित है जिसे यहां कचतो हेंदर कहते हैं। इसको बस्तर के गोंड लोहार ही बनाते हैं।

मुयांग घंटियां कमर पर इस प्रकार से बांधी जाती हैं कि नितंबों पर लटकती रहें। ये घंटियां पीतल की बनी होती हैं और नृत्य के समय युवक नितम्बों को लयात्मक रूप से हिलाते हैं और ये आपस में टकराकर ध्वनित होती हैं और संगीतमय ध्वनि स्रजित करती हैं। इन्हें बस्तर के ही घड़वा शिल्पी पीतल या कसकूट से ढलाई करके बनाते हैं। नृत्य के लिये कसकूट के ही पैंजन भी बनते हैं जिनके अन्दर लोहे की या पीतल की गोलियां भरी होती हैं। ये सभी नृत्य वाद्य घोटुल में चेलिकों द्वारा प्रयुक्त होते हैं। मोटियारी (युवतियां) नृत्य में छोटे छोटे चिटकुल का प्रयोग करती है जो छोटे मंजीरे के ही स्थानीय रूप हैं। इन्हें यहीं के घड़वा शिल्पी बनाते हैं।

यहां नमूने के बतौर कुछ मुरिया गीत प्रस्तुत किये जा रहे हैं - जो नृत्य के साथ गाए जाते हैं। दीपावली यात्रा के समय चेलिक एवं मोटियारी 'हर एन्डाना' गीत गाते हैं। यह नृत्य विवाह मंडप के चारों ओर चक्कर काटते हुए किया जाता है। इस नृत्य को घोटुल में भी करते हैं। इन गीतों में देवताओं, पुरखों और राजा को ससम्मान याद किया जाता है। घोटुल मुरिया व झोरिया मुरियाओं के अनेक गीतों का वेरियर एल्विन ने संकलन किया था जिनकी स्वरलिपि वाल्टर कॉफमैन ने तैयार की थी। आज से पैंसठ वर्ष पूर्व यह कार्य हुआ था। उसके बाद इस दिशा में कोई गंभीर कार्य नहीं किया गया। पुनः इस कार्य को करने की आवश्यकता है।

रे रेला रेला रे रेला रे रे रेला
ओ चेलिक हमें गायता का घर दिखाओ
ओ चेलिक क्या तुम्हें गायता के घर का पता नहीं ?
तुम कहां से आये हो, ओ चेलिक ?
हम लोग माड़ से आए हैं।
हम तुम्हें गायता का घर दिखाएंगे, ओ चेलिक
तुम इसके ऐवज में हमें क्या दोगे
हम तुम्हें इसके लिये एक पटका देंगे
उसके आंगन में एक गाड़ी है, ओ चेलिक

उसके घर के सामने भैंसों के लिए एक तालाब है
वही गायता का घर है, ओ चेलिक
उसके आंगन में एक हाथी बंधा है
उसके परछी में एक घोड़ा बंधा है, ओ चेलिक।
उसके घर के छप्पर पर एक मयूर बैठा है
उसके घर में एक बंदूक है, चेलिक
एक तलवार दीवार पर लटक रही है, ओ चलिक
उसके पक्षियों के अड्डों पर एक तोता बैठा है, ओ चेलिक
उसके यहाँ पिंजरे में एक मैना है, चेलिक
वही घर गायता का है।

मुरियों के अधिकांश गीत प्रश्नोत्तर शैली में हैं। मोटियारी पहली पंक्ति में प्रश्न करती है और फिर दूसरी पंक्ति में उत्तर देती हैं। इन गीतों में जैसे 'कोला पाटा', 'मरम पाटा', 'करसाना पाटा' या 'दीवाड़ पाटा' सभी में एक जैसी ही टेक प्रयुक्त होती है। जैसे -

1. रे रे लोया रे रेला रे रेला रेला
2. रे रे लोयो रे रेला रे रेला रेला
3. ओरे लोयो रेला रेला
4. रेला रे लोयो रे रेला, रे रे लोयो रे रेला
5. रे रेला रेला रेला रे रे लोयो रेला रेला
6. रे रे लोयो रे रे लो, रे लो रि रे लोयो
   रे रेला, रे रेलो रे लाया

कुछ अन्य टेक भी अत्यन्त संगीतमय है -

तेना नामुर नाना रे, नाना नामुर नाना रे हो।
तेना नामुर नाना रे, नाना नामुर नाना रे हो ॥

मुरिया जनजाति संगीत प्रिय है। उनका किशोर जीवन घोटुल से आरंभ होता है जहाँ वे नृत्य एवं गायन सीखते हैं। उनके जीवन के प्रत्येक पक्ष एवं अवसर के

लिए नृत्य एवं गीत हैं, चाहे ये अवसर देवताओं की यात्रा से संबंधित हों, या पर्व त्यौंहारों से संबंधित, चाहे वे विवाह के अवसर से। घोटुल में किया जाने वाला नृत्य घोटुल पाट कहलाता है। आदिवासियों के नृत्य उनके स्वयं के नाचने के लिए हैं, दर्शकों के समक्ष प्रदर्शन हेतु नहीं। वे धीमी गति से आरंभ होते हैं और धीरे धीरे द्रुतगति पकड़ते जाते हैं। सभी आदिवासी अपने नृत्यों कुशलतापूर्वक नाच सकने में सक्षम हैं। ये नृत्य उनके जीवन के अभिन्न अंग है। इन्हें सीखने के लिए उन्हें कहीं जाना नहीं पड़ता। वे अपने सामाजिक परिवेश से ही इन्हें सीख लेते हैं। कुछ नृत्य सदैव धीमी लय पर ही किये जाते हैं। सभी आदिवासी नृत्य समूह नृत्य हैं जिन्हें वे अपने आनन्द के लिए करते हैं। उनमें दर्शक जैसा कोई आयाम नहीं होता। नृत्य कई कई घंटों तक चलते हैं, बीच बीच में वे महुवे की शराब या सल्फी या चांवल का लांदा पीते जाते हैं। ये नृत्य उनके मनोरंजन के सबसे अच्छे साधन हैं और इनके माध्यम से ये लोग सदैव जीवंत एवं तरोताजा बने रहते हैं। बाहरी लोग जो इन नृत्यों को दर्शकों की तरह देखते हैं कुछ समय देखने के पश्चात् वे उन्हे नीरस लगने लगते हैं।

हर एन्डाना एक समूह नृत्य है जो वृत्ताकार में किया जाता है। एक चेलिक और मोटियारी एक के बाद एक दूसरे को पकड़ लेते हैं एक ओर के नर्तक साथी के कंधे पर और दूसरे ओर के साथी की कमर में हाथ डालकर सब नर्तक नर्तकिया एक वृत्त का निर्माण करते हुए नाचते हैं। इस प्रकार से नर्तकों का एक विशाल वृत्त बन जाता है। 'हर एन्डाना' गीत के उदाहरण यहां प्रस्तुत हैं।

1

रे रे लोयो रेला रे लोयो
रे रे ला रे रे लोयो रेला रे रेला
ओ चेलिक किस वृक्ष से हमें पक्षी के बच्चे मिलेंगे ?
हम उन बच्चों का क्या करेंगे ?
हम महुवे के वृक्ष से चिड़ियों के बच्चे पकड़ेंगे।
हम उन बच्चों को क्या खिलाएंगे ?
हम उन बच्चों को खाने के लिए मेंढ़क और गिरगिट देंगे।

2

रे रे लोयो रे रेला रे रेला रे रेला रे लोयो रेला रेला रेला
रे रेला रे रेला रेला।
चौहद्दी में पत्थर के ढेर पर एक बंदर बैठा है
उठो बंदर उठो बंदर
मेरा घोड़ा तुमसे कह रहा है, बंदर
तुम एक ऊँचे खम्बे पर बैठे हो बंदर
तुम कच्चा महुवा खा रहे हो, बंदर

मुरिया समाज में विवाह के अवसर पर गाये जाने वाले अनेक गीत हैं। मंगनी हो जाने के साथ ही उत्सव आरंभ हो जाते हैं। विवाह होनें पर मण्डप में मंगरोहन के चारों ओर घूम घूम कर नृत्य करते हुए यह गीत गाते हैं।

ए लड़की हम तुम्हें लेने आए हैं !
हम उसे हिलाएंगे डुलाएंगे
हम उसे झुलाएंगे !
तुम अपने दोनों पैर लम्बे करो
जंगली बंदर चाबता है
घर की बिल्ली नाचती है
महरा के घर में बिच्छुओं का जोड़ा है
रे रे लोयो रे रेला।

हल्दी और तेल चढ़ाने का कार्य वधु के परिवार की स्त्रियाँ करती है। इस अवसर पर स्त्रियाँ जमीदारिन देवी की आराधना करती है।

रे लोयो रे लो लोयो रे रेला ...
ओ जमींदारिन माँ हम तुम्हे आमंत्रित करती हैं
और कहीं मत जाना ओ माँ
परन्तु मुरिया दनियाँ के यहाँ आना
हम तुम्हें यहाँ आमंत्रित करती हैं,

चाहे थोड़ी देर के लिए ही आना
हल्दी और आटा कटोरा भर होना चाहिए।
हमारी तुम्हारे प्रति आस्था न डिगे।
ओ माँ बंगाराम ! हम तुम्हें भी आमंत्रित करती हैं
यह आमंत्रण किसका है ?
यह मनिया दनिया के परिवार का है
हल्दी और आटा कटोरा भरकर होना चाहिए।

आगे इस गीत में इसी प्रकार से एक के बाद एक अन्य देवी देवताओं को आमंत्रित किया जाता है। यह गीत कई घंटों तक चलता है। इस गीत में मनिया दनिया के स्थान पर वधु पक्ष के सदस्यों के नाम लिये जाते हैं।

जब वधु अपने पति के घर पहुँच जाती है तब उसके बालों की चोटी खोलने की रस्म पूरी की जाती है। उस अवसर पर गाया जाने वाला गीत -

रे रे लोयो रेला ...
मेरी चोटी में सात लटें हैं
मैं अब उन्हें खोलूंगी।
तुम उन्हें किसके प्रेम में खोलोगी ?
मेरे सात भाई हैं,
मैं अपने भाइयों के प्रेम में उन्हें खोलूंगी।
इन्हें खोलने पर तुम क्या भेंट करोगी ?
मैं अपने बाड़े से एक भैंसा तुम्हें भेंट करूँगी।
तुम भैंसा मत दो
वरना तुम्हारे सभी पशु भाग जाएंगे।

हुल्की पाटा एक यात्रा या अभियान का नृत्य हैं जिसमें एक घोटुल के चेलिक और मोटियारी दूसरे गाँव के घोटुल में मित्र बनाने जाते हैं। इस अभियान में वे एक गांव से दूसरे गांव घर घर जाकर नृत्य करते हैं। प्रत्येक घर से उन्हें चांवल और कुछ नकद राशि भेंट में दी जाती है। उस गाँव के चेलिक एवं मोटियारी उन्हें प्रेमपूर्वक अपने घोटुल में ठहराते हैं और उनके ठहरने की संपूर्ण व्यवस्था करते हैं।

दोनों दल मिलकर भोजन तैयार करते हैं। गाँव के वयस्क लोग संपूर्ण व्यवस्था करते हैं। इस अवसर पर जो नृत्य किये जाते हैं उन्हें हुल्की पाटा कहते हैं।

हुल्की पाटा की कुछ टेक -

1. नैना ना मुर नाना नाना रे
   नाना नामुर नाना रे
2. तैना नामुर नाना नारे
   नाना नामुर नाना
   मोटियारी और चेलिक एकत्र हुए
   और उन्होने विचार किया कि उन्हें किस पर्वत पर जाना है।
   किस पर्वत पर वे नहीं जायेंगे।
   उन्होने नदी पार की, पर्वतों को लांघा।
   काणे चेलिक को एक खरगोश दिखाई पड़ा।
   एक नेताम युवक कुत्ते को भगा रहा था।
   दर्री चेलिक ने खरगोश को मारा
   वह लहलुहान था।
   नेताम युवक ने खरगोश की गर्दन काट दी।

विवाह के अवसर पर चेलिक लिंगों से सम्मान में लिंगो पाटा नृत्य करते हैं। लिंगों पाटा नृत्य अभियान पर जाने के अवसर पर भी किया जाता है।

रे रे लोयो रे रे ला रेला
रे रे लोयो रे रे ला रे रे ला रेला।
ओ बारह भाई लिंगो
यहाँ तुम्हारे लिये हल्दी और आटा है
आओ लिंगों आओ !
हम हल्दी और आटे को तुम पर चढ़ाएंगे
अज्ञात गीत हमें सिखाओ
अनजाने नृत्य हमें सिखाओ।
प्रथम गीत तुम्हारा है।

मुरिया गीत हमार है।
प्रथम नृत्य तुम्हारा है।
मुरिया नृत्य चेलिकों का है।
आओ लिंगो आओ !
मैं नहीं आ सकता चेलिक !
मुझे बहुत काम है
मुझे अपने हल में मूठ लगानी है।

पूस कोलांग :

पूस कोलांग भी एक प्रकार का अभियान नृत्य है जिसका आयोजन घोटुल मुरियों द्वारा चैत्र मास में किया जाता है। इस अवसर पर चैत्र दांदर और महुवा दांदर नृत्य किये जाते हैं। प्रत्येक गाँव में चेलिक और मोटियारी सर्वप्रथम गायता के घर पर जाते हैं और बाद में प्रत्येक घर जाकर चाँवल और महुवा एकत्र करते हैं। फिर वे दूसरे गांवों में संपर्क स्थापित करने के लिए जाते हैं। उनकी अगवानी उस गांव के लोग करते हैं और उनके ठहरने की संपूर्ण व्यवस्था गांव के घोटुल में की जाती है। यात्रा के पूर्व चेलिक और मोटियारी ग्राम की मातागुड़ी में जाकर 'तलुरमुतै' की प्रार्थना करके उनसे आर्शीवाद मांगते हैं कि उनकी यात्रा निर्विघ्न सफलतापूर्वक सम्पन्न हो। तलुरमुतै भूदेवी है। इस अवसर पर नृत्य के साथ गाए जाने वाले गीत काफी प्रतीकात्मक एवं काव्यात्मक होते हैं।

हुन हुन हुन जाम कुयि (टेक)
मयूर के पंख बहुत लम्बे हैं
लम्बे पंखों वाला मयूर कहां है ?
मयूर गायता के घर में है।
मयूर कितनी शराब पीता है ?
मयूर पांच घूंट शराब पीता है।
नीचे उतरो ओ लम्बे पंखों वाले मयूर !
वह कहां आयेगा ?

वह पुजारी के घर पर आयेगा
घर पर आओ, ओ लम्बे पंखों वाले मयूर।

इन अभियान गीतों मे कुछ अन्य टेक भी प्रयोग में लाई जाती हैं। यहाँ उनके कुछ उदाहरण प्रस्तुत है -

1. तरे नारे नारे ना नारे
2. तरि नाना ना नारे नाना तरि नाना रे
3. राय वाय जाम कुयी
4. तरिना हरि ना मोरे, नाना हरि नाना हो
   ये ना हरि ना मोरे ना कन्हैया मोरे ये ना
   हरिना मोरे ना

यहाँ वेरियर एल्विन के द्वारा संकलित गीतों में से दो गीत प्रस्तुत किये जा रहे हैं :-

1

तारे नाना ना नारे नाना तरि ना नारे
ये कबूतर कहाँ से आए हैं ?
कबूतर बड़ी दूर पर्वतों से आये हैं।
ये कबूतर कहाँ रूके हैं ?
गायता के आंगन में
बाड़े के सामने,
वहाँ वे ठहरे हैं।

2

तरि ना हरिना मोरे, नाना हरि नाना हो,
ये ना हरि ना मोरे ना कन्हैया मोरे याना,
हरि ना मोरे ना।

ओ चेलिक कुम्हड़े के फूल को जोहार करो।
ओ चेलिक लौकी के फूल को जोहार करो।
ओ चेलिक खीरे के फूलों को जोहार करो।
मोंगरा फूल को जोहार करो
केंवड़ा के फूल को जोहार करो।
चमेली के फूल को जोहार करो
ओ चेलिक गुलाब के फूल को जोहार करो।
ओ चेलिक आम की मंजरी को जोहार करो।

3

अरे तिना नामुर नाना रे ...
आसमान पर बादर छाए हैं
आसमान बादलों से ढक गया है
तेज बारिश होने लगी है
बूंद बूंद कर फुहार पड़ रही है
संध्या होते होते बाढ़ आ गई है
बाढ़ का पानी अपना रास्ता बना रहा है।

मुरिया का सबसे पुराना नृत्य हर एन्दाना है। यह नृत्य अबूझमाड़ियों में आज भी लोकप्रिय है। मुरियों ने यह उनसे ही ग्रहण किया है। घोटुल का एक हर एन्दाना गीत यहां प्रस्तुत है -

ओ बैल ! मैं तुम्हारी बिक्री कहाँ करूँ ?
लहर सिंह, लहरी और उदमसाय !
मैं तुम्हें तेली के हाथ बेचूंगी ,ओ बैल !
ओ भाई ! मुझे तेली के हाथ मत बेचो
ओ भाई ! मुझे किसी मुरिया के घर पर ही रहने दो।
तेली की घानी किड़ किउड़ करती है
ओ भाई ! मैं घानी नहीं खींच सकता।

लहरासिंह लहरी और उदमसिंह !

करसाना गीतों में कुछ खेलगीत भी हैं जो खेलते समय गाए जाते हैं। यहाँ एक कोकोड़ा (बगुला) करसाना गीत प्रस्तुत है -

ओरे लोयो रे रेला रे रे लोयो ओय !
दुरूम रूचू दुरूम रूच्
तुम कहाँ जा रहे हो ओ बगुले।
तुम कलार मुहल्ले में जाओ, ओ बगुले।
तुम केवट के मुहल्ले में जाओ, ओ बगुले।
तुम महरा मुहल्ले में जाओ, ओ बगुले।
डंडामी माड़िया नृत्य :

डंडामी मारियों में बहुत अधिक प्रकार के नृत्य नहीं है, परन्तु उनका विवाह नृत्य जिसे वे गौर के सींगों का मुकुट बांध कर नृत्य करते हैं वह संपूर्ण आदिवासी भारत का श्रेष्ठतम नृत्य है। मुरियों की भांति ही माड़िया समाज में भी प्रत्येक अवसर के लिए गीत विद्यमान हैं। यहाँ उनके कुछ विवाह के अवसर पर गाये जाने वाले गीत प्रस्तुत है -

लड़कियो आओ, तुम्हारा विवाह हो रहा है
तुम्हारा दूल्हा सौ गाड़ियों का मालिक है
वह उसकी जूठन को खाता है
लड़कियों आओ ! तुम्हार विवाह हो रहा है
वह बौना है, मोटा है और कुरूप है।
तुम्हें वह कैसे पसन्द आएगा ?
लड़कियों आओ आओ !
वह बहुत बूढ़ा है,
उसकी आँखे आंवले के समान है
लड़कियो आओ ! क्या तुम्हें ऐसी बड़ी बड़ी आँखे पसन्द हैं ?

उसका चेहरा नेवले जैसा है।

उसके पैर डंडों जैसे पतले हैं
वह यहाँ घुटनों के बल चलकर आया है
उसे ताड़ के वृक्ष में बांध दो और भाग जाओ
तुम पानी लेकर आओ, ओ लड़कियो।

सर विल्फ्रेड ग्रिग्सन ने जो बस्तर के प्रशासक थे, ने कुछ माड़िया गीतों का संकलन किया था जो उनके ग्रन्थ माड़िया गोंड्स ऑफ बस्तर में प्रकाशित हैं। ये गीत साठ वर्ष से भी पूर्व के है। उसके पश्चात गत् साठ वर्षों में कोई गंभीर प्रयास इनके साहित्य के अध्ययन एवं संकलन का नहीं हुआ। उनका ग्रन्थ सन् 1938 ईसवीं में प्रकाशित हुआ था जिसमें माड़ियों के गीत माड़ी गोंडी एवं अंग्रेजी अनुवाद के साथ प्रकाशित हुए थे। यहाँ उनमें से कुछ गीतों का अंग्रेजी अनुवाद से हिन्दी में भावानुवाद प्रस्तुत है।

1

अलेया, रे लोया रे रे लोया रेलो ग़ (टेक)
बन्धुवर भ्रिंगराज पक्षी हमें बुला रहा है !
हे युवको हमें कोई गाना सुनाओ !
भ्रिंगराज पक्षी हमें बुला रहा है !
हे लड़को हमें कोई गीत नहीं आता
हमें गकोई गीत याद नहीं
भृंगराज हमें बुला रहा है !
हम इस तरह नहीं गा सकते
हम कैसे गायेंगे !
बिना भोजन किये हम गा नहीं पायेंगे !
भृंगराज हमें बुला रहा है।
यदि हमने मदिरा पान किया तो हम आनन्दित होंगे !
भृंगराज हमें बुला रहा है !
ए युवकों तुम हमें घूर घूर कर मत देखो

तुम हमें घूर घूर कर मत देखो !
भृंगराज हमें बुला रहा है !
गाओ लड़को, गाओ, गाते रहो
भृंगराज हमें बुला रहा है !
अयार बन्धु, अयोरा लड़को आह ! अयार ओ ओ ये !

अध्याय-3

सैला नृत्य

गोंड जनजाति के अपने कुछ विशिष्ट नृत्य हैं। इनमें सबसे सुन्दर नृत्य करमा एवं सैला हैं। करमा नृत्य गोंड जनजाति के अतिरिक्त भी अन्य कई एक जातियों में प्रचलित है। बैगा, बिंझवार, कंवर, बिंझिया और देवार भी इस नृत्य को करते हैं। परन्तु सैला नृत्य प्रमुख रूप से गोंड जनजाति में ही प्रचलित है।

यह पुरूषों का नृत्य है। इस नृत्य के लिये नर्तक किसी अलग वेशभूषा का उपयोग नहीं करते। नर्तक अपनी रोजमर्रे की सामान्य भूषा में ही नृत्य करते हैं। वे अपने साफे (पगड़ी) में मोर पंखों का गुच्छा खोंस लेते हैं। वे अपने एक हाथ में छोटा सा डंडा या काठ की बंदूक और दूसरे हाथ में रूमाल पकड़े रहते हैं। पैरों में वे लोहें के पैजन पहनते हैं जो नृत्य के अवसरों के लिये ही बनाए जाते हैं। नर्तक अर्धगोलाकार में नृत्य करते हैं। एक नर्तक गीत की लाईन गाता है और शेष नर्तक उसे दुहराते जाते हैं। इस प्रकार से प्रथम गायक गीत की एक एक लाईन का गायन करता जाता है और शेष तर्कक उसे दुहराते जाते हैं। यह नृत्य वास्तव में एक अभियान नृत्य है जिसे गीरदा कहते हैं। जब ये नर्तक दूसरे गांव में पहुँचते हैं तब उस गांव के लोग भी नृत्य में शामिल हो जाते हैं। गांव के लोग दूसरे गांव से आने वाले इन नर्तकों का काफी सम्मान करते हैं। नर्तक तीसरे दिन गांव के लोगों से बिदा लेते हैं और गांव के लोग उन्हें उपहार भेंट करते हैं। शेख गुलाब जो आदिमजाति विभाग में एक शिक्षक थे, और जिन्होंने गोंड जनजाति का गहन अध्ययन किया था, उनके मतानुसार सैला नृत्य गोंड राजाओं की छावनियों में किया जाता था और ये छावनियाँ

पर्वतों पर स्थित थी। शैल का शाब्दिक अर्थ है पर्वत। अतः शैल शब्द से शैला या सैला बना और शैलों पर किया जाने वाला नृत्य शैला नृत्य सैला नृत्य कहलाया। कालान्तर में गोंड राज्यों के पतन के पश्चात् ये छावनियां बंद हो गई और वहां के सैनिक पर्वतों से नीचे मैदानी क्षेत्र में आ गये।

इस नृत्य के संपर्क अभियान के कारण यह समीप के गांवों के लोगों के बीच आपसी संपर्क एवं सौहाद्र बनाने का एक अच्छा माध्यम बन गया। मध्यवर्ती भारत की जनजातियों में आपसी सद्भाव बढ़ाने वाले अभियान नृत्य अस्तित्व में हैं। यह युवकों का विवाह हेतु सजातीय जनों में परिचित करने का एक सहज तरीका भी है जिसके माध्यम से वे अपने लिये योग्य जीवन साथी का चुनाव कर सकें। जिस आत्मीय एवं सम्मान जनक रूप में इन नर्तकों का दूसरे गांव के लोग आदर सत्कार करते हैं उससे ज्ञात होता है कि यह आदिम समाज की प्रथा है जिसके माध्यम से युवक युवतियाँ अपने जीवन साथी का चुनाव किया करते थे। बस्तर में भी वहाँ के आदिवासी जो गोंड ही है उनकी युवतियाँ एवं युवक पृथक पृथक इसी प्रकार के अभियान पर निकलते हैं।

गोंड जाति में विवाह के अवसर पर किये जाने वाले और भी नृत्य है जैसे भारिहा, बिरहा, खड्डुवा, सजनी आदि। भड़ौनी नृत्य स्त्रियों द्वारा किया जाता है। भड़ौनी गीतों में स्त्रियां बरपक्ष की स्त्रियों के प्रति गालियां गाती है। भारत की अनेक जातियों एवं अनेक प्रदेशों में विवाह के अवसर ऐसी गालियाँ गाई जाती हैं और उनका कोई बुरा नहीं मानता। यहां एक सैला गीत प्रस्तुत है जो नृत्य के साथ गाया जाता है -

गांव, दादर (पठार) पर स्थित है
जहां नील गायें चर रही है
और मयूर चुग रहे हैं
मैं तुम्हें उसी तरह आवृत कर लूंगा जैसे बादल चन्द्रमा को ढक लेते हैं।
पत्ते हवा में उड़ रहे हैं
मैं तुम्हें वैसे ही ले जाऊँगा जैसे हवा पत्तों को ले जाती है

मैने कौवे के द्वारा तुम्हें पत्र भेजा था और तोते के द्वारा संदेश
मैं एक ढोलकी और चिकारा लेकर भटक रहा हूँ
ओह ! सभी के अपने जीवन साथी हैं परन्तु मैं अकेला हूँ
अरे ! तुम धीरज रखो
तभी तुम्हें भी सफलता मिलेगी।

अध्याय-4

भोजली

भोजली वर्षा ऋतु का पर्व है। यह अच्छी वर्षा के समारोहण का त्यौहार है जो हमें अच्छी भरपूर फसले प्रदान करवाती है। यह पर्व क्वाँरी कन्याओं द्वारा मनाया जाता है। भोजनी मनाने हेतु बांस की एक टोकरी में मिट्टी और गोबर खाद को मिलाकर भरदेते हैं और फिर उसमें सभी अन्न एवं दलहन के बीच डाल कर उन्हें मिट्टी से ढक देते हैं तथा उन पर थोड़ा थोड़ा पानी रोज सींचते जाते हैं। बीज अंकुरित होते हैं फिर उनमें पत्तियां निकल आती हैं। भोजनी के माध्यम से बीजों की अराधना की जाती है और उनका अंकुरित होना प्रजनन का प्रतीक है। भोजली की कुंवारी कन्याओं द्वारा बीज एवं वर्षा के द्वारा आराधना प्रजनन का अभिचार है।

भोजली पर्व का आयोजन श्रावण मास की शुक्ल पक्ष की पंचमी के दिन आरंभ होता है, जो नागपंचमी के पर्व का दिन भी है तथा यह आयोजन श्रावण मास की पूर्णिमा तक चलता है जो रक्षा बन्धन पर्व का दिन है। कन्याएं बांस की टोकरी में मिट्टी भरकर उसमें गेहूँ धान, मूंग, उड़द, चना एवं कोदो आदि के दानों की बीज के रूप में फैलाकर उन्हें मिट्टी से ढक देते हैं और उनपर प्रतिदिन पानी छिड़कते जाते हैं। जब वे दो तीन दिनों में अंकुरित हो जाते हैं तब उनकी सावधानी पूर्वक सेवा की जाती है। जब पत्तियां निकल आती हैं तब जल में हल्दी घोलकर उनपर छिड़कते हैं। हल्दी छिड़कने की यह क्रिया उनमें देवी लक्ष्मी की स्थापना स्वरूप किया जाने वाला अनुष्ठानिक कार्य है। प्रतिदिन भोजली माता की आराधना पूजा की जाती है। पन्द्रहवें दिन भोजली का विसर्जन नदी या सरोवर में कर दिया जाता है।

भोजली की सेवा के अवसर पर जो गीत गाए जाते हैं उनका विषय प्रकृति, पर्यावरण एवं गंगा नदी से संबंधित होता है। गंगा नदी इन गीतों में जल का परियाय है जैसी कि मान्यात संपूर्ण भारती समाज में विद्यमान है। गीतों में गंगा को देवी के रूप में संबोधित किया गया है अतः वर्षा हेतु यह दिव्य अभिप्राय के रूप में प्रयोग किया गया संबोधन है। इन गीतों के द्वारा बालिकाएं अपने भाईयों के स्वास्थ्य एवं उनके दीर्घ जीवन की कामना भी करती हैं। कुछ गीतों में आल्हा उदल का वर्णन मिलता है, जिससे यह प्रतीत होता है कि इस पर्व का संबंध बुंदेलखण्ड से भी है, जहाँ आल्हा उदल हुए हैं और वे वहाँ के लोकनायक हैं।

इस पर्व का संबंध कृषक समाज से है और वर्षा ऋतु कृषक समाज के लिये सर्वाधिक महत्वपूर्ण ऋतु है। भारत एक कृषि प्रधान देश है और यहाँ की संपूर्ण संस्कृति ही कृषि समाज की संस्कृति है। गंगा नदी वर्षा ऋतु की प्रतीक है और भोजली पर्व के अधिकांश गीत देवी गंगा को संबोधित हैं। यह पर्व बुंदेलखण्ड में भी मनाया जाता है और वहाँ उसे कजरी कहते हैं। यहाँ भोजली पर्व से संबोधित कुछ गीत प्रस्तुत हैं :-

1

अहो देवी गंगा !
देवी गंगा, देवी गंगा, लहर तुरंगा
हमर भोजली दाई के भीजे आठों अंगा।

2

आइगस पूरा
बोहाइ गईस कचरा।
हमर भोजली दाई के
सोने सोन के अंचरा।

3

आइ गइस पूरा
बोहाई गइस मलगी
हमर भोजली दाई बर
सोने सोन के कलगी।

4

कुटि डारे धाने
छरि डारेन भूसा
लइके लइके हवन भोजली
झनि होहा गुस्सा।

5

बांस के कोठी मा धरि परिन चांऊर
महर महर करे भोजली के राऊर।

6

कहाँ के खातू माटी, कहाँ के टुकनी
कहाँ के जवा भोजली, चूहय मोती पानी
कुम्हार घर के खातू पानी, कर्रा घर के टुकनी,
राजा घर के जना भोजली, चूहय मोती पानी
अहो देवी गंगा ...

7

काकर हुकुम बेटी भोजली जगाबो
काकर हुकुम बेटी भोजली सेराबो

आल्हा के हुकुम दाई भोजली जगाबो
ऊदल के हुकुम दाई भोजली सेराबो
अहो देवी गंगा ...

8

ऐसो के साल भोजली खैया सराई दे,
दिन बार बेटी पचरी पिट वइहों
खैया के सेती ददा घुसा पटकइहौं
हेरहो कटारी ददा मैं पूंजी मरिहौं

9

सावन महीना भोजली बोवाएन
भादो मा जामें दुई पान
भोजली बुढ़ई गय रंग महल मा
रोइ रोइ करथय बिहान
अहो देवी गंगा ...

10

जल बिन मछली, पवन बिन धान
पवन बिन धान
सेवा बिन भोजली के
तरसये परान
अहो देवी गंगा ...

3

मांड़ी भर जोंदरी, पोरिस कुशियार,
पोरिस कुशियारे

जल्दी जल्दी बाढ़ा भोजली
होइहो हुशियारे
अहो देवी गंगा ...

12

छें छें भर कारी चूरी
बीच में एक कना
जल्दी जल्दी बढ़ो भोजला
देखे हो गये सपना
अहो देवी गंगा ...

13

नावा रे हंसिया के जरहन बेंठे

अध्याय-5

सुवा नृत्य और गीत

मध्यवर्ती भारत की जनजातियों में शिव की आराधना उनके धार्मिक एवं सामाजिक जीवन में महत्वपूर्ण स्थान रखती है, यहाँ तक कि कुछ जनजातियों में तो उन्हें अपना सबसे बड़ा देव माना जाता है। ऐसी अनेक मिथ कथाएं जनजातियों में विद्यमान है जिनमें शिव एवं पार्वती का सबसे प्रमुखे देवताओं के रूप में उल्लेखित हुआ है। गौरा त्यौहार गोंड जनजाति का महत्वपूर्ण त्यौंहार है। इस पर्व पर शिव एवं पार्वती के विवह का आयोजन गोंड स्त्रियाँ करती है। यह पर्व कार्तिक अमावस्या की रात्रि को मनाया जाता है जिस दिन दीपावली भी मनाई जाती है। इस अवसर पर शिव एवं पार्वती की मिट्टी की प्रतिमाएं बनाई जाती है और उन्हें गांव के किसी एक घर में स्थापित किया जाता है जहाँ उस गाँव की स्त्रियाँ एकत्र होकर गौरा गीत गाती हैं। इस अवसर पर नंगाड़े बजाए जाते हैं जिनकी ध्वनि संपूर्ण गाँव में सुनाई पड़ती है। इस अवसर पर स्त्रियाँ पार्वती के प्रति सम्मान में गीत गाती है जिन्हें गौरा गीत कहते हैं।

इन्हीं दिनों में स्त्रियां सुवा नृत्य करती है। नृत्य के साथ गीत भी गाए जाते हैं जो सूवा गीत कहलाते हैं। यह नृत्य पूर्ण रूप से स्त्रियों का नृत्य है। सूवा नृत्य पद संचालन एवं आंगिक चेष्टाएं अत्यन्त लयात्मक एवं आकर्षक होती है। गीत सूवा को सम्बोधित किये जाते हैं। सूवा संदेशवाहक है और वह यहां आत्मा का प्रतीक भी है। भारतीय साहित्य में प्राचीन काल से ही शुक नायिकाओं को प्रिय रहा है। इस पक्षी को प्राचीन काल में ही पालतू बना लिया गया था और यह भारतीय सभ्यता में रच बस गया था। भारतीय साहित्य में शुक सारिका संवाद का उल्लेख कथाओं में अनेक स्थानों पर हुआ है। सूवा गीत के अधिकांश गीत विरह एवं करूणा प्रदान है।

स्त्रियां इन गीतों के माध्यम से नारी जीवन की गहन व्यथा एवं यंत्रणा को अभिव्यक्त करती हैं। कुछ गीतों में पति का पत्नि के लिये परदेस जाने का अत्यन्त मार्मिक वर्णन कियागया है। एक ओर पति के विरह का कष्ट और दूसरी ओर सास-ससुर का कठोरता पूर्ण व्यवहार इन गीतों में सशक्त एवं काव्यात्मक स्तर पर अभिव्यक्त हुए हैं। इन गीतों का यह मुख्य विषय है।

सुवा नृत्य छत्तीसगढ़ी स्त्रियों का प्रिय नृत्य है। स्त्रियाँ मिट्टी का एक सुवा बांस की टोकरी में रखती हैं और प्रत्येक घर पर जाकर सूवा नृत्य करती है। टोकरी को बीच में रखकर उसके सम्मुख एक दीपक प्रज्वलित करके नृत्य किया जाता है। स्त्रियाँ एस सुवे वाली टोकरी की परिक्रमा करते हुए वृत्ताकार में नृत्य करती है। नृत्य करते समय में अगल बगल और आगे पीछे घूमती जाती है और बीच बीच में पक्षियों की भांति फुदकती हैं। उनकी सभी आंगिक चेष्टाएं सूवे के चेष्टाओं के सदृष्य प्रतीत होती है। पहले वे नृत्य करते समय वे सामने की ओर झुकती है और तालियां बजाती जाती है। तालियों के माध्यम से ही वे पद संचालन को नियंत्रित करती है। इस नृत्य में अन्य किसी संगीत वाद्य का प्रयोग नहीं होता।

इस नृत्य सम्मिलित होने वाली अधिकांश महिलाएं गोंड जाति की ही होती है। ये महिलाएं अपने गाँव के सभी घरों के सामने जाकर नृत्य करती है। सभी परिवार उन्हें चांवल और कुछ नकद राशि प्रदान करते हैं। इस प्रकार से एकत्र की गई धनराशि को गौरा की पूजा एवं अनुष्ठानिक कार्य पर खर्च किया जाता है। इस नृत्य का संबंध धान की फसल जो खरीफ के मौसम की फसल है से भी किया जाता है। धान की फसल की लुवाई का भी यही समय है। वे आदिवासी जो कस्बों या बड़े शहरों में काम की तलाश में आ गये हैं उनकी स्त्रियां भी घरों एवं व्यवसायिक प्रतिष्ठानों के समक्ष जाकर सुवा नृत्य करती है और उन्हें इससे जो राशि एकत्र होती है उसे वे गौरा अनुष्ठान पर खर्च करती है परन्तु वे अब धान की फसल के साथ इस नृत्य के संबंध को झूलते जा रहे हैं। यद्यपि इस नृत्य का सीधा संबंध गौरा पूजा से है परन्तु नृत्य के साथ गाए जाने वाले गीतों का किसी भी प्रकार का संबंध गौरा अनुष्ठानों से नहीं है। सुवा गीतों का विषय वैवाहिक जीवन में उनकी वेदना एवं पति से विरह एवं एवं वियोग से संबंधित है। एक गीत

में वे सुवा के माध्यम से आग्रह कर रही है - तिरिया जनम झनि देव। जिसका अर्थ है कि उन्हें स्त्री जन्म न मिले।

सन चालीस के दशक में वेरियर एल्विन एवं श्याम राव हिलावे ने मेकल पर्वत माला के क्षेत्र की गोंड जाति से सुवा गीतों का संकलन किया था। उन्होने अपने इन गीतों के संकलन के समय यह देखा कि इस नृत्य को स्त्रियाँ नवम्बर दिसम्बर महीनों में करती हैं जो धान लुआई के महीने हैं। जो गोंडजन पर्वतीय क्षेत्र से उतर कर मैदानी क्षेत्र में काम धंधे की तलाश में आ गये वे अपने साथ अपने गीत नृत्य एवं अन्य लोक वार्ता को भी साथ ले आए हैं। यहाँ तक कि वर्तमान समय में भी सूवा नृत्य करने वाली अधिकांश महिलाएं गोंड जाति की ही है। गौरा पूजा से संबंधित गीतों की एक अन्य विधा भी जिन्हें इस अनुष्ठान के अवसर पर गाया जाता है, परन्तु सुवा नृत्य एवं गीतों का गौरा गीतों में कोई उल्लेख नहीं मिलता।

गौरा पर्व शिव एवं पार्वती से संबंधित है। इस अवसर पर गोंड स्त्रियाँ शिव एवं पार्वती की गीली मिट्टी से प्रतिमाएं बनाती है और उनकी नौ दिनों तक पूजा करती है। दीपावली के दिन शिव एवं पार्वती के विवाह का आयोजन किया जाता है। सुवा नृत्य में उम्र का कोई बंधन नहीं है। इस नृत्य में सामान्यतः तेरह चौदह वर्ष की लड़कियों से लेकर चालीस पैंतालीस वर्ष की उम्र तक स्त्रियाँ सम्मिलित होती है। नृत्य करने वाली ये स्त्रियाँ कुंवारी या विवाहित दोनों ही हो सकती है। सामान्यतः दस बारह स्त्रियाँ नृत्य हेतु अपनी टोली बना लेतीहै। वे दस पन्द्रह मिनिट प्रत्येक घर के सामने जाकर नृत्य करती है। उन्हें गृहस्वामी या स्वामिनी कुछ चांवल एवं नगद राशि प्रदान करते हैं। इसके उपरान्त नृत्य करने वाली स्त्रियाँ उस परिवार के प्रति मंगल कामना का आर्शीवाद प्रदान कर आगे बढ़ जाती है।

बहुत अधिक परंपराशील ग्राम में सुवे की टोकरी को सिर पर रखकर ले जाने का कार्य कुंवारी कन्या द्वारा ही किया जाता है और अन्य स्त्रियाँ उसके चारों ओर वृत्ताकार में नृत्य करती है। नृत्य करने वाली महिलाएं दो टोलियों में बंट जाती हैं। एक टोली वाली महिलाएं सुवा गीत की एक पंक्ति गाती है और दूसरी टोली वाली स्त्रियाँ उस पंक्ति को दुहराती है। नृत्य करते समय स्त्रियाँ सामने की ओर झुक जाती है और गाते हुए तालियां बजाती जाती हैं।

सुवा गीतों की टेक तरि नरि ना ना, तरि नरि ना ना, मोरे ना ना नरि ना, तरि नरि नारा मोर, नहना री ना ना रे भैया मोर, तरि नाना मोरे नाना, नारे भैया मोर तरि नरि नाना, ता मोरे नाना सुवा ना आदि है। लगभग ऐसी ही एक टेक बस्तर के कुछ मुरिया नृत्य गीतों में भी मिलती है। यह केवल संयोग नहीं हो सकता। मुरिया जनजाति भी बहुत गोंड जनजाति का ही एक अंग है। आदिवासियों के गीत एवं धुने अधिक प्राचीन मानी जाती है अतः यह संभव है कि इन गीतों की धुनों का परिस्रवण लोक गीतों की धुनों में हुआ हो। आरंभ में यह भी उल्लेख किया गया है कि इस नृत्य का संबंध गोंड जनजाति के गौरा पर्व से रहा है, अतः यह संभव है कि सुवा गीत के टेक मुरिया गीतों से अपनाई गई हो। इस विषय पर और अधिक काम करने की आवश्यकता है। मैंने तो केवल संकेत रूप में इस तथ्य को रखा है।

यहाँ कुछ सुवा गीतों को प्रस्तुत किया जा रहा है। इनमें से अधिकांश गीत पूर्व में किसी न किसी विद्वान द्वारा अपने ग्रन्थ में प्रकाशित किये गये हैं। मैंने ऐसे कुछ गीतों का चयन किया है जो मुझे साहित्यिक एवं सांगीतिक दृष्टि से श्रेष्ठ प्रतीत हुए -

1

पैंया परत हूँ मैं चंदा सुरूज के
मोला तिरिया जनम झनि देव सुवारे।
तिरिया जनम मोर अति कलपना रे
मोला तिरिया जनम झनि दे सुवारे॥

2

कौन चिरइया मोर चीतर काबर रे सुवना,
कि कौन चिरइया उजर पांख ?

सुवना मोर, कौन चिरइया ऊजर पांख ?
भरही चिरइया मोर चीतर-काबर
बकुला चिरइया ऊजर पांख।
कौन चिरइया मोर सुख सोवय निंदिया,
कौन चिरइया जागय सारी रात ?
भर्री चिरइया सुख सोवय निंदिया,
ओ सुवना बकुला जागय सारी रात।
मोर सुवना।

3

करर क़रर करे कारी कोइलिया रे सुवना,
कि मिरगा बोले आधी रात।
मिरगा के बोली- मोला बड़ सुख लागे रे सुवना,
कि सुख सोवे बस्ती के लोग।
एक नइ सोवथे मोर गाँव के गड़रिया रे सुवना,
कि जेकर बहिनी गए परदेस।
चिट्ठी लिख लिख बहिनी भेजत हे रे सुवना,

कि मोरो बंधु आवे लेवनहार।

4

ता मोरी नाना, नाना सुवाना रे, ता मोरी नाना ! नाना सुवाना
सुवा नाचे ला मैं तो जाहों, ता मोरी नाना ...
दे दे दाई तोर गोड़ के पयरी, सुवा नाचे बर जावोन। ता मोरी नाना
देतो दाई तोर हाथ के बहुटा, सुवा नाचे बर जाबोन। ता मोरी नाना...
देतो दाई तोर घेंच के सूता, सुवा नाचे बर जाबोन। ता मोरी नाना ...
दे तो दाई तोर माथ के टिकुली, सुवा नाचे बर जाबोन। ता मोरी नाना ...

दे तो दाई तोर हाथ के ककनी, सुवा नाचे बर जाबोन। ता मोरी नाना ...
दे तो दाई तोर माथ के सिंदूर, सुवा नाचे बर जाबोन। ता मोरी नाना ...
दे तो दाई तोर झांपी के लुगरा, सुवा नाचे बर जाबोन। ता मोरी नाना ...
भला सुवारे मोर, सुवा नाचे बर जाबोन। ता मोरी नाना ...

5

तरि नरि नाना मोर नहनारी नाना
सुवा मोर तरि नरि नाना
चोंच तोर हवय लाली कुंदरन कस,
रे सुवना आँखी दिखय मसुरी के दार।
जोंधरि के पान साहि डैना संवारय,
रे सुवना, सुन लेबे बिनती हमार
सास मोर मारय, ननद गारी देवय
रे सुवना ! राजा मोर गये है बिदेस
लहुर देवर मोर जनम के बैरी,
रे सुवना, लेई जाबे तिरिया संदेश ॥
बन फूल खाबे शीतल जब पिबे,
रे सुवना, बन ही मा करबे बसेर।
डोंगरी पहाड़ ला निरखत जइबे,
रे सुवना, पिया झन खेलत होय अहेर ॥
रायगढ़ नहिक हो, सारंगढ़ नहिक हो
रे सुवना नहक जइहा रायपुर के राज।
तिन लेवे रतनपुर
रे सुवना जिंहा करिबे अंताज।
ऊँच मेन सरूवाहे, कारी रे अंखियाँ,
रे सुवना चुहत हवय मेंछन के रेख।
कोदई सावर रंग सुघर सुहावन

रे सुवना, वीर बरोबर भेख ॥
उनही ला हाथ जोर बिनती सुनइबे
रे सुवना, झन कोनों रखे बिलमाय ॥
मोती के झालर डैना गुंथइहो
रे सुवना, लाबै तैं पिया के संदेश
सोने के थारी मा जेवन जेवइहों
रे सुवना, पइयां टेक सेइहंव हमेश ।

6

मोर नचना जोगी छोड़के बनिज चले जाय,
रे सुवना, छोड़ के बनिज चले जाये ॥
चंवरा छवाऐव अऊ तुलसी जगाएवँ
रे सुवना नयन के नीर बरसाएँव ।
तुलसी के बिखा करे सुगबुग सुगबुग
रे सुवना, नयन के दिया रे जलाएवं ॥
नयन के तीर झरय जइसे ओखराती
रे सुवना अंचरा मा लेहैव छुपाय ॥
कांसे पीतल केरे अदली रे बदली,
रे सुवना, जोड़ी बदल नहिं जाय ।

7

तरि नाना मोर नाना री नाना
तरि नरि नाना
अरसी फूले रूमुक झुमुक गोंदा फूले छतनारे,
रे सुवना, गोंदा फूले छतनार !
ओहू गोंदा ला खोंचे नहिं पायं के अगे ससुर लेनहारे,
रे सुवना, डहर मा मोटरी बोहाही ।

8

ताती खाबे के बासी कलकत्ता जाबे के कासी
रे सुवना, तोर खोपा तरी लुरथे मंजूर।
चढ़ती जवानी तोर, ऐसे मन लागथय,
कउन बइला मा लादे लवंइठा सुपारी,
रे सुवना, कारी बइला लादे बीरा पान।

9

जावा रे सुवना चंदन बन चंदन बन, आमा के मोर ले आवा
रे सुवना, आमा के मोर ले आवा।
जाये बर जइहौं मैं नंदन बन, कैसे के लइहौं टोर,
रे सुवना, कइसे के लइहों टोर।
तौड़न रेंगिहा, पंखन उड़हा, मुंहेमा लइहा टोर,
रे सुवना मुँहेमा लइहा टोर।
लाये बर लाहों मैं आमा मोर, काला मैं दइहौं धराय,
रे सुवना, काला मैं देइहों धराय।
गुड़ी मा बइठे मौर बंधरइया, पगड़ित देहा अरझाय
रे सुवना पगड़िन देहा अरझाय।
कइसे के चिन्ही हौं तोर बंधरइया, कइसे के देहों अरझाय,
रे सुवना, कइसे के देहों अरझाय,

अंग ओकर पावर, मुँह ढुरढुरिया, डूहत है मेंछन के रेख,
रे सुवना चूहत हे मेंछन के रेख।

10

कहवां रहिथे मोंगरी मछली न रे सुवा हो
कहवां रहिथे दूध नाग ?

जलबिच रहिथे मोंगरी मछली न रे सुवा हो
भोडू मा रहिथे दूधनाग
का चारा चरथे मोंगरी मछली न रे सुवा हो
का चारा चरथे दूधनाग ?
सांवा कोदइया मोंगरी मछरी नारे सुवा हो
दूध के पियंया दूध नाग।

11

काजर की कोठरी म चंदा लुका के
रे सुवना बइरां अस रतिया पहाय
दिया के बाती बार बार बुतानय
रे सुवना जर जर जीव गुंगवाय ...
बड़े बिहाड़ डोला चढ़ आयेंव
रे सुवना उठरी के कोन दिसवास
डोंहरी के देखत भंवरा उड़ावय
रे सुवना बइसे मरद कर जाव ...
सुरता में आमा के खोइला मय बनगेंव
रे सुवना सुरता के हाथ बेचाय।

12

कइसे के बनगे वो ह निर्मोही
रे सुवना कोन बैरी राखे बिलमाय
चोंगी अस झोइला में जर जर झरगेंव
रे सुवना मन के लहर लहराय
देवारी के दिया म बरि बरि जाहंव
रे सुवना बाती संग जाहंव लपटाय।

13

पहिली गबन के मोला डेहरी बइठारे
रे सुवना छोड़ चलागिये व्योपार ...
काकर संग रहिहंव काकर संग खोलिहंव
रे सुवना काला देख रहेंव मन बांध ...
अंगना लगइ लेबे तुलसा के बिखा रे सुवना ओला देख रहंव मन बांध ...
तुलसा के बिखा है हरियर हरियर
रे सुवना मोर राजा करय व्योपार ...
तुलसी के बिखा झुरमुर झुरमुर
रे सुवना मोर पिया गये दन जूझ ...
छोटका देवरा मोर बड़ नटखटिया
रे सुवना छेकत हवय मोर दुआर ...
सोवा परत मे तो फरिका ला पेलाय
रे सुवना कइसे बचय धरम हमार...
कारी नागिन हवे मोर मितानिन
रे सुअना रात बसय संग आय
कातिक महीना में जोत जलाईतेंव
रे सुअना आए जातिस धनी रे हमार ...

14

ता मोरी नाना सुवाना रे, ता मोरी नाना।
नाना सुवाना ता मोरी नाना।
सुवा नाचेला मैं तो जाहौ ता मोरी नाना ...
देदे ओ दाई बांह के बहुटिया
सुवा नाचे ला मैं तो जाहौं। ता मोरी नाना ...
दे दे दाई नाक के नथुनी ला
सुवा नाचे ला मैं तो जाहौं। ता मोरी नाना ...

दे दे ओ दाई गर के तिलरी ला
सुवा नाचे ला मैं तो जाहौं। ता मोरी नाना ...

15

झिरमिर झिरमिर पनिया बरिसगय
रे सुवना, अंगना मा काई रचि जाय,
अंगना बुहारत एड़िया बिछल गय
रे सुवना तिरनी गये छैमास।
कौने सकेले तीर नौ मूठ के तिरनी
रे सुवना भडने सेके लम्बा केश,
संइया सकेले मोर नौ मूठ के तिरनी
रे सुवना, ननदी सकेले लंबा केश।

16

तरि नारी हो नाना मोर ...
फरे लागिस आमा, लहिस लागे डारे
रे सुवना, पंछी जोहिरे जोहिजाय,
कतरि कतरि के मोर आमा ला
रे सुवना मोरे तो जियरा जरया
बरजे के होतिस तो अरजतेंव बरजतेंव
रे सुवना पंछी बरिजि नइ तो जाय।
तारि नारि नाना ...

17

झोली घरेन कौरी खखोरी चीपेन दबरी
रे सुवना, चली जाबो भंवरी बाजार,
एक पहरी जाबे, दूसर पहरी चढ़बे
रे सुवना तीसर मा भंवरी बाजार।

का तो लाबै तैं भइया भतिजवा बर
रे सुवना, का तो देबै भरतार।
ओ नहा कपरा भइया भतिजवा बर
रे सुवना काजर सिंदूर भरतार।

18

पहर परबत मा मेंहदी लगायेंव
रे सुवना, मेंहदी के जोगी रखवार,
लेई लेबे जोगिया दारे चांऊर
रे सुवना, छोड़ि देबे मेंहदी के झाड़।
दारे चांऊर तोर घर बाढ़ै
रे सुवना, नइ छोड़ी मेंहदी के झाड़।
लेइ लेबे जोगिया थारी भर रूपिया
रे सुवना छोड़ि देबे मेंहदी के झाड़।
लेइ लेबे जोगिया थारी भर सोनवा
रे सुवना, छोड़ि देबे मेंहदी के झाड़।
थारी भर सोनवा तोरे घर बढ़ाय
रे सुवना नई छोड़व मेंहदी के झाड़।
लेई लेबे जोगिया छोटी ननदिया
रे सुवना छोड़ि देबे मेंहदी के झाड़।
छोटकी ननदिया मोरे मन आवे
रे सुवना, छोड़ि दै हँव मेंहदी के झाड़।

सुआ गीत

1

गोंदा फूले पिंडरा, मोंगरा फूले छतनार
रे सुवना ! परसा फूले लाली लाल।

कुकरा के बासे होइस भिनसरवा,
रे सुवना ! मालिन फूल टोरे जाय
चुन चुन रे फूल टोरे मालिन डोकरी,
रे सुवना, फिर फिर जावथय हार।
रीगी-चिंगी फूल के गजरा, गोंदा फूल के हार,
रे सुवना ! मोर रानी के होगे सिंगार।

2

तरि नारी नहना
जावा रे सुअना चंदन बन चंदन बन, आमा के मोर ले आवा
रे सुवना, आमा के मोर ले आवा।
जाये बर जइहों नंदन बन कइसे के लइहों टोर,
रे सुअना कइसे के लइहों टोर
गौड़न रेंगिहा, पंखन उड़इहा, मुंहमा लइहा टोर,
रे सुवना, मुंहमा लेइहा टोर।
लाये बर लाइहौं मैं आमा मौर, काला मैं दइहौं धराय,
रे सुअना, काला मैं दइहौं धराय
गुड़ी मा बइठे मोर बंधरइया पगड़िन देहा अरझाय,
रे सुवना कइसे के देहौं अरझाय
अंग ओकर पातर, मुँह ढुरढुरिया, चुहत हे मेंछन के रेख,
रे सुअना, चूहत हे मेंछन के रेख
तरि नारि नहना...

3

कई ओरी बोए एली-चमेली रे सुवना
के कई ओरी बोए मोंगरा अनार
ओरी ओरी बोए तैं गोंदा-तिरैया रे सुवना

के कमल खिलाय छतनार
का तोरे टेड़ा तोडुलिया घहराये रे सुवना
के बगिया सिंचय दिन रात
ना मोर टेंडा ना मोर तेंडुलिया रे सुवना,
बादर झरय दिन रात।
काकर बर गुहिंबे तै ऐली चमेली रे सुवना
काकरबर मोंगरा के हार,
राजा बर गुहिंबे तै ऐली-चमेली रे सुवना
काकर बर मोगरा के हार
राजा बर गुइहौं एली-चमेली रे सुवना
रानी बर मोंगरा के हार।

4

गली मा बलाय मोर गली खोर बुलइया,
रे सुवना ! कि मोर दरस के आस।
दुबरा ला घेरे ससुरजी हे बइठे,
रे सुवना ! अंगना बइठे मोरे सास
उड़ी उड़ी जइबे, तैं उनला बुलइबे,
रे सुवना ! रतिया मिलन के आस
पिंजरा मा रहि-रहि मन घबरावय
रे सुवना ! मन मोरे राजा के पास।

सुवागीत बारहमासी :

5

मोर नयना जोगील लेतेंव पांव ल पखहार
रे सुवना तुलसा में दियना बार।

अघन महीना आगम भइये
रे सुवना बादर रोवय ओस डार
पूस सलाफा धुकत हवय
रे सुवना किट किट करय मोर दांत
माध कोइलिया आमा रूख कुहके
रे सुवना मारत मदन के मार
फागुन फीका जोड़ी बिन लागय
रे सुवना ! काला देवय रंग डार
चइत जंवारा जोत जलायेंव
रे सुवना ! सुरता मा धनी हमार
बइसाख आती मा मंड़वा गड़वायेंव
रे सुवना ! छाती मा पथरा मढ़ाये।
जेठ महीना मा छूटे पसीना
रे सुवना ! जइसे बोहाय नदी धार
लगिन आसाढ़ बोलन लगिस मेंचका
रे सुअना कोन मोला लेवय उबार
सावन रिम झिम बरसय पानी
रे सुवना रिम झिम बरसय पानी
रे सुवना कौन सौत रखिस बिलमाय।
भादो कमर छठ तीजा अऊ पोरा
रे सुवना ! कइसे के देइस बिसार
कुंवार कलपना ला कोन मोर देखय
रे सुवना ! पानी पीयय पीतर दुआर।
कातिक महीना धरम के कहाइस
रे सुवना आइस सुरूत्ती के तिहार।
अपन अपन बर सबजन पूंछय
रे सुअना कहां हवय धनी रे तुम्हार।

माता सेवा और उसके गीत :

शीतला माता चेचक व्याधि की देवी है। चेचक एवं छोटी माता, खसरा, मोतीझिरा आदि वायरस के माध्यम से फैलने वाली सभी व्याधियों को माता की व्याधि की श्रेणी में माना जाता था। चेचक के टीके की खोज होने के पूर्व यह रोग महामारी के रूप में फैलता था और बहुत लोगों की मृत्यु हो जाती थी, बहुत से लोग अपंग या अंधे हो जाते थे तथा बहुत से लोग कुरूप हो जाते थे। इस व्याधि का कोई उपचार नहीं होनें के कारण आम जनों में यह धारणा व्याप्त थी कि यह रोग शीतला माता के प्रकोप के कारण फैलता है। असहाय लोग देवी की आरधना में उनके भजन गाते थे कि उनका प्रकोप शान्त हो जाए। चेचक के टीके के अविष्कार के फलस्वरूप चेचक का संपूर्ण विश्व से अन्मूलन हो गया है, परन्तु शीतला माता के गीत माता सेवा गीत के रूप में समाज में जीवित रह गये हैं। शीतला का प्रकोप ग्रीष्म काल में अधिक होता था अतः शीतला माता के मंदिर में अब भी माता सेवा गीत गाए जाते हैं और अन्य अनुष्ठानिक कार्य सम्पन्न किये जाते हैं। चेचक भले ही समाप्त हो चुका है परन्तु चेचक की देवी शीतला माता तो स्थापित हो ही चुकी हैं और प्रत्येक गाँव और शहर में उनके मंदिर बने हुए हैं। उनकी आराधना या सेवा में जो गीत बने हुए हैं वे आने वाले लम्बे समय तक हमारी जातीय सृतियों का हिस्सा बने रहेंगे।

हम माता सेवा के दो गीत प्रस्तुत कर रहे हैं। माता सेवा गीतों के साथ ढोलक और मंजीरों का उपयोग वाद्यो के रूप में होता है। माता सेवा गीत गाने वालों की भजन मण्डलियां होती है जो मंदिरों में जाकर तो सेवागीत गाती ही हैं, परन्तु मुहल्लों या पीड़ित परिवारों के आमंत्रण पर वे वहां भी सेवागीत गाते हैं, यह कार्य गायक निःशुल्क करते हैं।

1

मैया पचरंग पचरंग सजे हे सिंगार हो माय
सेत सेत तोर ककनी बनुरिया
सेते पटा तुम्हारे माय

सेते हे तोर गर के सुतिया
गुंज मुंगन के हार हो माय
लाली लाल लहर के लहंगा
एड़ी पान मुख लाल हो माय
कारी कोर लगे चोलियन
कारी काजर के रेख हो माय
कारी हे तोर भंवर पालकी
कारी मुड़ के केस हो माय
पियर हो पिताम्बर हिरे बूढ़ी माय
पियर कान के ढारे हो माय
पियरी है तोर नाके के नथनी
हरे हरे तोर हाथ चुरी माय
हरे गले के पोत
हरे हवय माथे के टिकुली
बरत सूरत के जोते
रहय ओट में छाये हो माय
सोलह सिंगार सजे सग तारन
देखय में जग मोहे हो जाय
बालक बरूआ कछु नहिं जानन

अध्याय-6

ददरिया

ददरिया दो पंक्तियों की पद्य रचना होती है जैसे हिन्दी के दोहे या उर्दू के शेर। अंग्रेजी साहित्य में ऐसी रचना को 'Couplet' कहते हैं। ददरिया शब्द की व्युत्पत्ति द्विदरीय शब्द से हुई है अर्थात वह अन्न जो दो दालों से बना हो। इसीलिए ऐसे अन्न को दलहन कहा जाता है जो दो दालों में विभाजित हो जाता हो। कुछ विद्वानों ने इसे दादर में गाये जाने वाले गीत कहा है जो सही नहीं है। ददरिया तो धान के खेतों में रोपा लगाते या निंदाई करते समय गाये जाते हैं। प्रत्येक ददरिया अपने आप में काव्य के स्तर पर पूर्ण होता है जिसे लोग खेतों में कार्य करते हुए, वन में महुवा बीनते हुए या वनोपज संग्रह करते हुए कहीं भी ऐसे स्थान पर गाते हैं जिन स्थानों पर वे कार्यरत हों।

ददरिया प्रश्न उत्तर शैली में भी गाये जाते हैं या वार्तालाप शैली में भी। इनका विषय प्रेम और रोमांस होता है। जब युवक एवं युवतियाँ धान के खेतों में काम कर रहे होते हैं तो वे अपने प्रेमालाप को ददरियों के माध्यम से अभिव्यक्त करते हैं। दूसरी ओर से प्रेमी या प्रेमिका ददरिया में ही उत्तर देते हैं। ददरिया अपनी भावनाओं को अभिव्यक्त करने का एक अच्छा माध्यम है। अनेक ददरिया तो तत्क्षण बन जाते हैं और वे काव्य की दृष्टि से भी श्रेष्ठ कहे जा सकते हैं। इनमें से जो ददरिया दीर्घकाल तक प्रचलन में बने रहते हैं वे लोकमानस में स्थापित हो जाते हैं और लोक साहित्य के अंग बन जाते हैं। शेष ददरिया लुप्त हो जाते हैं।

खेत खलिहानों में कार्य करते समय जो ददरिया गाए जाते हैं उन्हें न तो नृत्य के साथ प्रस्तुत किया जाता है और नही उनके साथ किसी वाद्य का प्रयोग होता है। जब कुछ ददरिया पदों को किसी एक टेक के साथ क्रमबद्ध करके गाया जाता है,

तब इस गायन को साल्हों कहते हैं। साल्हों के साथ नृत्य भी करते हैं जो साल्हों नृत्य कहलाता है। साल्हों गायन में प्रयुक्त ददरिया पदों का चुनाव गायक स्वयं करते हैं। नृत्य में बहुधा दो सदस्य भाग लेते हैं जिनमें से एक पुरूष होता है एवं दूसरी स्त्री। आजकल व्यवसायिक नर्तकों ने ऐसी मण्डलियां बना ली है जिनके साथ में संगत करने वाले भी होते हैं। संगत में तबला, ढोलक, हारमोनियम, मंजीरा और कैसियों आदि वाद्यों का प्रयोग होता है। यहाँ कुछ ददरिया पदों को उदाहरणार्थ प्रस्तुत किया जा रहा है।

1

बटकी मा बासी चिमटी धरे नून
मैं तो गावाथों ददरिया ते कान देके सुन॥

2

डहर रेंगे हलाये डेरी हाथ।
अकेली झन रेंगे बनाले संगी साथ॥

3

तैं होते पंछी मैं होते छछान।
उड़ाई के ले जातेंव गढ़लंका मैदान॥

4

रस्ता वो रेंगे बाजिन पयरी।
हुस्यारी से तो रेंगो ताकिन बयरी॥

5

करे मुखारी करौंदा रूख के।
एक बोली सुनादे अपन मुखके॥

6

करू करेला कर डारे चानी रे।
मोर चढ़ती जवानी कर डारे पानी रे॥

7

तोर हो गय आती मोर हो गय जाती।
बीच रसदा मा भेंट हो गए मिलाले छाती॥

8

नवा तरैया मा बैठे हें कोकड़ा।
रसदा मा रस मांगय अनारी छोकरा॥

9

पीपर के पान हलर हइया
दू डौकी के डौका कलर कइयाँ

10

तोर मन चलती मोर मन उदास
जल देवता माँ खड़े होके मरथेंव पियास

11

फूटे रे मंदिर कलस तो नइये
दू दिन के अवइया दरस तो नइए

12

मोर जरत कलेजा कसकत तन मां
चुर चुर के हवंव राजा अपन मन मां॥

13

चंदा ऊवै, चंदैनी छिटके
तोर कन्हिया ले चूंदी नागिन लटके ।।

14

रास्ता ला रेंगे खोरला डंहके
गोरी खोंचे करौंदा गली मां महके

15

आमा के पेड़ मां बोले ला मइना
नींद बैरी नइ आवय, तुम्हर किरिया ।

16

संझा के बेरा कौवा तो करे कांव
तै पिरित ला बढाके चलि दिहे गाँव

17

कुंवा के पानी कुंआसी लागे
परदेसी चले जाबे, रूंआसी लागे ।

18

तोला खोज डारेंव बन ही बन मां
तोला भेंट डारेंव अतेक झन मां

19

चिकनी रे पथना, एरी के घसना
मइके के दोसदारी, देवथे सपना ।।

20

लाली भइगे भाजी पियर भइगे भात
निकरत नइ बनें, अंजोरी होगे रात।

21

चंदा अंजोरी निरमल रात
भला दगा में डारे मोला तिरिया के जात

अध्याय-7

होली पर्व एवं फागगीत

होली वसन्त ऋतु का एक प्रमुख त्यौंहार है। भारत के दो प्रमुख त्यौंहार हैं दीपावली और होली ये दोनों ही त्यौंहार फसल चक्र से संबंधित हैं। दीपावली खरीफ फसल से जुड़ा हुआ है और होली रबी फसल से। वसन्त ऋतु को ऋतुराज भी कहा गया है जिसका अर्थ ऋतुओं का राजा अर्थात सर्वश्रेष्ठ ऋतु। इस ऋतु में पतझर के उपरान्त नये पत्ते आते हैं और वृक्षों में सर्वत्र पुष्प ही पुष्प दिखाई पड़ते हैं। संपूर्ण प्रकृति एवं विशेषरूप से वन पुष्पाच्छादित हो उठते हैं। ऐसा प्रतीत होता है मानों कि प्रकृति नवयोवना हो गई है। पुष्पाच्छादित वृक्षों एवं वनों की सुगंध सर्वत्र फैलकर वातावरण में व्याप्त हो गई है। इस ऋतु में पेड़ पौधे, पशु पक्षी, कीट पतंग, और मानव सभी प्रफुल्लित हो उठते हैं। सर्वत्र मिथकों के अनुसार इस ऋतु में सृजन के देवता कामदेव अधिक क्रियाशील होते हैं। प्राचीन काल से ही होली का पर्व वसन्तोत्सव के रूप में मनाया जाता है। इसे मदनोत्सव भी कहा गया है।

होली के त्यौंहार का संबंध पौराणिक कथा में प्रहलाद और उनकी भूआ होलिका से भी बताया गया है, परन्तु फागगीतों में इस प्रसंग को विशेष महत्व प्रदान नहीं किया गया है। होली के अवसर पर गाए जाने वाले गीत जो 'फाग गीत' कहलाते हैं उनमें से अधिकांश गीतों में राधा और कृष्ण के प्रेम की अभिव्यक्ति हुई है। भारतीय ललित केन्द्र में प्रमुख व्यक्तित्व कृष्ण का ही है और भारतीय मानस में कृष्ण की वही छवि स्थापित है जो, जयदेव के गीत गोविंद, सूरदास एवं अष्टछाप के अन्य कवियों के द्वारा रचित साहित्य में है। राधा और कृष्ण का प्रेम प्रसंग कवियों के लिये सदैव ही महान प्रेरणाश्रोत रहा है।

वाचित परंपरा एवं लोक साहित्य मे भी राधा और कृष्ण का प्रेम प्रसंग प्रेरणादायी रहा है और होली के अवसर पर गाए जाने वाले फाग गीतों में इसकी प्रधानता है। फागगीत गायन का आरंभ वसंत पंचमी से होता है। वसन्त पंचमी के दिन लोग अंडीवृक्ष की एक शाखा काटकर गाँव या शहर के उस स्थान पर स्थापित करते हैं जहाँ होलिका दहन किया जाता है। गाँव की चौपालों या मंदिर के चबूतरों या प्रांगण मेंरात्रि के समय लोग एकत्र होकर फागगीत गाते हैं। इस अवसर पर लोग एक दूसरे को गुलाल का टीका लगाते हैं। फाग गायन में संगत के लिए नंगाड़ा, ढोलक, ढप, मंजीरे और कभी कभी हारमोनियम का उपयोग करते हैं। फाग गीतों में नगाड़ा और ढोलक ही रंग जमाते हैं। युवक फाग गीतों के माध्यम से अपनी प्रेम भावना को फाग गीतों मेंवर्णित राधाकृष्ण के प्रेम प्रसंगों के माध्यम से अभिव्यक्त करते हैं।

फाग गायन राधा कृष्ण के स्मरण से आरंभ होता है। यहाँ कुछ फाग गीत स्व. अमृतलाल दूबे के ग्रन्थ 'तुलसी के बिरवा जगाय से' उद्‌धृत है।

1

चला हां रे पहिले सुमिरों गनपति ना
जिनका पारवती है माय, रे पहिले ...
चला हां रे गजानन, सब देवन में अगुवा है,
सो पूजौं ध्यान लगाय, रे पहिले ...

2

बजै नगाड़ा दसौ जोड़ी
हां राधा किशन खेलंय होरी।
दूनी हाथ धरै पिचकारी,
रंग गुलाल सबै बोरी, हां राधा ...
सब सखियन मिल पकड़ किसनलाल
वही रंग मा रे बोरी, हां राधा ...

तब राधा मुस्काय कहिन हां,
अऊ खेलिहा लूं होरी, हां राधा ...

3

होली खेलंय बिरिज मा कन्हैया
होरी खेलंय बिरिज मा ...
काकर हाथ मा रंग कटोरा,
काकर हाथ पिचकारी
राधा के हाथ मा रंग कटोरा,
कृष्ण के हाथ मा पिचकारी

4

अरे पनिया भरन नहिं देय हो,
मोहनजी पनिया भरन नहिं देवे लाल
पनघट पर खरे कन्हैया
घघरी पलोरन भिजौये चुनरी
पनिया भरन नहीं देय हो।
कहां छिपाये प्यारी राधा
राधा बिन होरी न होय
पनिया भरन नहि देय हो

5

काहे को इतराये कन्हैया
काहे को इतराय लाल,
जब से हरि जनम लियो है,
बहुत ही दूध मचायो कन्हैया
फटी पुरानी कदरी के ओढ़इया

बन बन गाय चरइया
काहे को इतराय कन्हैया ...
घर घर जा तुम दही माखन लूटे
माखन चोरी करइया ... कन्हैया ...
साखियन संग रास रचे तुम,
सब के प्यास बुझइया ... कन्हैया ...

6

केदली बन मा भौंरा रे बोलय
केदली बन मा।
कहां जनम लिये सिया जनुकिया
कहाँ जनम लिये राम ... केदली बन मा।
राजा जनक घर सिया जनम लिये,
अवध पुरी में राम ... केदली बन मा

7

मन मोहन नंदलाल, नहीं आने बरसाने में।
बिना सहेली के बाजा, दुलहिन बिना बरात,
बिना पुरूष के तिरिया, रोवे आधी रात
बिना पिपर के खैरवा, बिना ठुकर के गाँव
तहां तनिक न बैठिये, जे रूख में नहि छांव
बिना दिया के मंदिर, बिन खंभा के ताल
बिना पिया के नारी, पड़े रहे बेहाल

8

श्याम बजा गयो बीना हो एक दिन श्याम बजा गयो बीना
चैत भगनी, बैसाख लगती जेठ असाढ़ महीना

सावन में गोरी झूले हिंडोला भादो मस्त महीना
माघ में गोरी मकर नहावै फागुन मस्त महीना
एक दिन श्याम बजा गयो बीना

सुंदर सेज बिछे अंटा पर पौढ़े नारी नगीना
चोली के बन्द तड़ातड़ टूटे अंचरा पोंछे पसीना
एक दिन श्याम बजा गयो बीना।

अध्याय-8

डंडा नाच

डंडा नाच केवल पुरूषों का नृत्य है। यह नृत्य गुजरात के डांडिया नृत्य के सदृष्य ही है। नृत्य करते समय नर्तक पीले या सफेद रंग के ही वस्त्र धारण करते हैं। वे नृत्य करते समय फूल मालाओं को धारण करते हैं। फूलों की मालाएं हाथों में गजरे एवं कानों में फूलों के कुंडल, सिर पर लड़ी आदि आभूषणों के रूप में धारण कर श्रृंगार करते हैं। डंडा नृत्य वसन्त ऋतु का नृत्य है और उसका आयोजन वसन्त के स्वागत एवं समारोहण के रूप में किया जाता है। नृत्य के आयोजन कार्तिक माह के शुक्ल पक्ष की एकादशी को आरंभ होते हैं और वे फागुन मास की पूर्णिमा तक चलते हैं। कुछ गांवों में नृत्य वसन्त पंचमी से आरंभ होते हैं। यद्यपि यह नृत्य वसन्त ऋतु के समारोहण का नृत्य है परन्तु अनुष्ठानिक रूप से नृत्य का आरंभ कार्तिक शुक्ल एकादशी को ही आरंभ हो जाता है।

डंडानृत्य युवकों का नृत्य है। भारतीय साहित्य और कला में वसन्त ऋतु को वसन्तोत्सव भी कहा गया है। इसी ऋतु में पतझर के उपरान्त वृक्षों में नये पल्लव आते हैं और संपूर्ण वृक्ष एवं वन पुष्पित हो उठते हैं। संपूर्ण वातावरण ताजगी और उल्लास से भर जाता है। ऐसा प्रतीत होने लगता है मानो प्रकृति ने संपूर्ण जीवन को यौवनावस्था में परिवर्तित कर दिया है। सभी ग्रामीण इस नृत्य को जानते हैं और उसे सहजता से प्रस्तुत कर सकते हैं। इस नृत्य को बचपन से अपने वातावरण एवं परिवेश में होते हुए देखकर बालक भी इसे सीख जाते हैं।

डंडानृत्य वृत्ताकार में किया जाता है। नर्तकों के हाथों में दो डंडे होते हैं, जो दो फीट से अढ़ाई फीट लम्बे होते हैं। नृत्य करते समय नर्तक इन डंडों को आपस में भी टकराते हैं और दूसरे नर्तकों के डंडों के साथ भी टकराते हैं। इन डंडों के

टकराने पर उत्पन्न ध्वनि से ही वे अपने पद संचाल को निर्धारित करते हैं। नृत्य में अनेक प्रकार के रूपाकारों की रचना करते हैं। कभी वे अपने से आगे वाले नर्तक के डंडों से डंडे टकराते हैं तो कभी पीछे वालों से। कभी कभी वे अपने ही स्थान पर तीव्रगति से चक्कर लेते हैं। कभी सामने की ओर झुककर नत्य करते हैं तो कभी एक डंडे वाले हाथ को पीठ की ओर मोड़कर केवल एक ही डंडे से खेलते हैं। कभी कभी वे चित्त लेटकर अपने ही दोनों डंडों को टकराते हैं। कभी वे वृत्त में घड़ी की दिशा में नृत्य करते हुए आगे बढ़ाते हैं तो कभी घड़ी की विपरीत दिशा में पीछे हटते हैं। डंडा नाच में नर्तक बाइस रूपाकारों की रचना करते हैं। इस नृत्य पर ब्रज प्रदेश की रासलीला का स्पष्ट प्रभाव दिखाई पड़ता है।

डंडा नाच एक अत्यन्त लयात्मक नृत्य है। इसकी लय एवं पद संचालन डंडों की टकराहट से उत्पन्न होनें वाली ध्वनि द्वारा नियंत्रित होते हैं। वृत्त के मध्य में एक या दो बांसुरी वादक भी खड़े होकर बांसुरी बजाते है। नृत्य करते समय नृत्य गीत भी गाते हैं। ये गीत 'डंडा गीत' कहलाते हैं।

अध्याय-9

करमा नृत्य

करमा नृत्य मध्यवर्ती भारत की जनजातियों का सर्वाधिक लोकप्रिय नृत्य है। इस नृत्य का प्रसार छत्तीसगढ़, मध्यप्रदेश, झारखण्ड, उड़ीसा और बिहार राज्यों तक मिलता है। कर्मा का अर्थ है कर्म और इस नृत्य के माध्यम से कर्म अथवा श्रम को समारोहित किया जाता है। कर्मसेन श्रम के देवता हैं जिनकी आराधना इस विशाल क्षेत्र की जनजातियों में प्रचलित है। कर्मा से संबंधित अनेक मिथक हैं। एक मिथक के अनुसार करमा और धर्मा दो भाई थे जिन्हें महाप्रभु ने उत्पन्न किया। धर्मा ने लोगों को शुद्ध आचरण और धार्मिक जीवन का मार्ग दिखलाया और वे ब्राम्हणों के साथ चले गये। कर्मा ने लोगों को जीवन में कर्म का महत्व सिखलाया, और वे आदिवासियों के द्वारा अपना लिये गये।

कर्मा पर्व मध्यप्रदेश, छत्तीसगढ़, झारखण्ड और उड़ीसा के आदिवासियों द्वारा भाद्रपद माह में मनाया जाता है। गांव के युवक जंगल से कर्मा वृक्ष की एक शाखा काटकर लाते हैं और उसे गांव के खुले प्रांगण में स्थापित करते हैं। इसी स्थान पर कर्मा से संबंधित सभी अनुष्ठानिक कार्य सम्पन्न किये जाते हैं और यहीं कर्मा वृक्ष की शाखा के चारों ओर नृत्य किये जाते हैं। उराँव इस स्थान को अखाड़ा कहते हैं।

करमसेन की पूजा एवं अनुष्ठानिक कार्यों के सम्पन्न हो जाने के पश्चात् युवक एवं युवतियां कर्मा वृक्ष की शाखा के चारों ओर नृत्य करते हैं। इस अवसर पर अनेक प्रकार के नृत्य किये जाते हैं जो सभी कर्मा नृत्य कहलाते हैं। कर्मा नृत्यों के साथ गाये जाने वाले गीत कर्मा गीत कहलाते हैं।

कर्मा नृत्य एक अत्यन्त सुन्दर, चित्ताकर्षक एवं सौंदर्य प्रधान नृत्य है। छत्तीसगढ़ के गोंड, बैगा, कंवर, बिंझवार और देवारों का यह प्रिय नृत्य है। इस

नृत्य के चौदह प्रकार मिलते हैं जिनका नामकरण उनके पद संचालन, आंगिक चेष्टाओं, नृत्य की शैली एवं गति के आधार पर हुआ है। यद्यपि कर्मा नृत्य की उत्पत्ति अनुष्ठानिक है परन्तु यह नृत्य वर्षा ऋतु को छोड़कर प्रत्येक ऋतु एवं अवसर के लिये है। इस नृत्य में वाद्य के रूप में एक विशाल तालवाद्य का उपोयग होता है जिसे मांदर कहते हैं। यह मांदर मिट्टी का बना हुआ होता है जो बीच में मोटा और किनारों पर सकरा होता जाता है। इसका एक छोर सकरा तथा दूसरा अपेक्षाकृत चौड़ा होता है। दोनों छोर पर चमड़ा मंढ़ा होता है जिसे तांत या रस्सियों से कसा जाता है। मांदर मणीपुर असम में प्रचलित खोल से मिलता जुलता होता है। इसके मिट्टी वाले अंग को कुम्हार बनाते हैं। इसको मंढ़ने के लिये बकरे या गायबैल की खाल का उपयोग किया जाता है। मांदर की लंबाई 4 फीट से 5 फीट तक होती है। इसे मजबूत रस्सी के सहारे गले में लटका कर दोनों हाथों से बजाते हैं। इसकी ध्वनि गंभीरता लिये हुए होती है। जो नीरव रात्रि में दूर-दूर तक सुनाई पड़ती है। नृत्य के पूर्व वादक मांदर को जोर जोर से बजाता है जिसे सुनकर युवक एवं युवतियाँ नृत्य स्थल की ओर चल पड़ते हैं। कर्मा नृत्य का आयोजन शरद ऋतु के पूस और माघ महीनों की सर्द रातों में भी किये जाते हैं जो देर रात तक चलते हैं। नर्तक अपने सामान्य वस्त्र धारण करते हैं। युवक नृत्य करते समय सिर पर साफे बांधते हैं और उनमें मोरपंखों से बनी हुई कलंगी खोंसते हैं। बैगा युवतियां घास से गोल गोल छल्ले बनाकर उन्हें एक दूसरे में फंसाकर झालर बना लेती हैं और ऐसी कई झालरों को मिलाकर वे अपने जूड़ों या चोटियों में फंसा लेती हैं जो उनकी पीठ पर लटकती रहती हैं।

करमा आदिवासियों का अत्यन्त लोकप्रिय नृत्य है क्योंकि इसमें काफी विविधता है और इसके चौदह प्रकार के नृत्य होनें के कारण इसमें एक रसता नहीं होती। इस अवसर पर गाए जाने वाले गीत अधिकतर श्रृंगारिक होते हैं जो नृत्यों के साथ चलते हैं। करमा नृत्य के कुछ प्रकार हैं - करमा झूमर, करमा थडा, करमा लहकी, करमा लंगड़ा, करमा रागिनी आदि। एक पैर को मोड़ कर किया जाने वाला नृत्य कर्मा लंगड़ा कहलाता है। अंगो को आगे पीछे या दांये बांये हिलाते हुए किया जाने वाला नृत्य करमा झूमर कहलाता है। लहरों के सदृष्य

अंगों के संचालन के द्वारा लहरों के अभिप्राय की संरचना करने वाला नृत्य लहकी कर्मा कहलाता है। थड़ा करर्मा में युवक युवतियां अपने अपने स्थान पर खड़े होकर गीत गाते हैं।

नृत्य करते समय युवक युवतियां पैजन पहनते हैं जिनकी ध्वनि छन छन जैसी होती है। युवतियां नृत्य करते समय एक दूसरे की कमर पर हाथ रखती हैं। युवक उनके सम्मुख एक सीधी कतार में झुककर खड़े होकर करमा गीत गाते हुए नृत्य करते हैं। युवतियाँ इन गीतों की पंक्तियों को दुहराती हैं। कुछ नृत्यों में युवक एवं युवतियां एक के बाद एक एक दूसरे के हाथ पकड़ कर नृत्य करते हैं और मांदर वादक उनके बीच में खड़ा होकर मांदर बजाता है। यहां कर्मा नृत्य के साथ प्रस्तुत किये जाने वाले कुछ गीत प्रस्तुत किये जा रहे हैं। कर्मा गीतों की टेक इस प्रकार है -

1. अहो हे अहो हे हे
2. ओ हा हे हे हे
3. अहो हे रे हो
4. ओ हो हाय रे
5. हाँ हाँ रे हाँ

1

हाँ हाँ रे, गोली पिंयरी रचावंब तोर अंचरा रे।
हाथे ककाइया धरे ठेकवा मा तेल
सोन कलश लेके जमुना मा पेल।
पिंयरी रचावंब तोर अंचरा रे।
आगु ननदिया चले पाछू मा भोजाइ
पानी भीतर संग सहेली करत हंय हिलकाई।
पियरी रचांव तोर अंचरा रे।
हाँ हाँ रे, गोरी पियरी रचावंब तोर अंचरा रे।

शब्दार्थ : पिंयरी-पीला, अंचरा-आंचल, ककाइया-कंघी, ढेकवा-पात्र।

2

चला नाचे जाबो रे, गोलेंदा जोड़ा
करमा तिहार आये हे, नाचे जाबो रे
पहिली मैं सुमिरौं सरस्वती माई रे
पाछू गोरी गणेश रे गोलेंदा जोड़ा ...
गाँव के देवी देवता के पइयाँ लागों रे
गोड़ लागों गुरूदेव के रे गोलेंदा जोड़ा ...

3

नदिया भौना मारे
कइसे नह कंव नदी पार रे।
नदिया भौना मारे
आज के रतिया रहि बसि लेबे
काली नहकाबो पार रे। नदिया ...
दिन खवाहुँ खाड़ा मछरिया
राते ओढ़ाहुँ भंवरजाल रे।
नदिया भौना मारे।
रहेला रहितंव राती तोरे टेपरिया
कोरा के बालकना के ख्याल रे
नदिया भौना मारे।

शब्दार्थ : भौना-बाढ़, रतियां-रात्रि, नहकाना-पारामगाना, टेपरिया-कुटिया, कोरा-गोद।

4

टेक-किंदर जाबे भंवरा रे, सारंगढ़ के गली मा पलट जाबे।
मोल भाये गाड़ी वाला रे, तोरे दे माया हर हर खाइस।
राम धरे धनुष लखन धरे बान
सीता माई के खोजन मा चल दे हनुमान ॥ रे किंदरा ...

पांच पेड़ महुवा पचीस पेड़ आम
माता कोसिला के बारे, मोरे लछमन राम ॥ रे किंदरा ...
बन बन खोजे संगी पाये नहीं डेरा
रामे नामे ते तो ले ले, जाये के बेरा ॥ रे किंदरा ...

5

बांस पहारे बांस कटि गोलाय हो, बाघ भालू झूभर खेलय हो ।
बाघ भालू झूमर खेलय हो, सिलटा मैया रे गीत गावय हो ।
सिलटा मैया रे गीत गावय हो, खरहा मैया रे फुदकी नाचय हो ।

शब्दार्थ : बांस पहारे-बांस वाला पर्वत, सिलटा मैया-एक देवी का नाम, खरहा-खरगोश ।

6

हौरे हौरे ! घींच बेनी भुजा डारे ।
मांग में तो सेंदुर बिराजे, घींच बेनी भुजा डारे
हाजी पैर के पंयरी ललकारे ...
घींच बेनी भुजा डारे ।
पिंडरी चुरूवा ललकारे ।
घींच बेनी भुजा डारे ।
गुला सुतवा ललकारे ।
घींच बेनी भुजा डारे ।
नाक नथुली ललकारे
घींच बेनी भुजा डारे ।
माथ के मघोटा ललकारे ।
घींच बेनी भुजा डोर ॥

शब्दार्थ : घींचना-सुलझाना, पिंडरी-पिंडली, चुरूवा-चूड़ा पैर का एक आभूषण, गुला सुतवा-गले की हंसली या सूता ।

7

टपकी मांदर बाजे-बाजे, मोरजीव हर कइसन लागे। टपकी ...
खाले पारा के मांदर ऊपर पारा बाजे। टपकी ...
घर घर सास मोरे कोरा के बलकवा
हमूं जावो करमा नाचे। टपकि ...
कहाँ जाबे बहु ओ सासे के पलोइहा, रसदाम घेरही चण्डोला। टपकी ...
मांदर के बाजा बड़ा नीक लागे, घरमा छिन भर मन नइ लागे। टपकी ...

शब्दार्थ : टपकी मांदर-मांदर की ध्वनि, कोरा-गोद, पतोइहा-पतोहू।

8

हाय रे मया मया आयेंव राम !
तोर बुलाये नइ आयेंव, मया मा आयेंव रे ॥
करिया तो भांटा पतेल पानी, हो पतेल पानी,
मैं तो मंडला के रहवइया, ले लेहूं बानी।
चांदी के मुंदरी अठन्नी भर ठीक
जीनगानी ला निभाबे, तभे तो जानो ठीक ॥
गयेन जंगलवा टोरेन फूल पान हो, टोरेन फूल पान,
तोला नइ आवय करमा, झन तो देबे परान।
शब्दार्थ : मया-माया मोह, भांटा-बैगन, पतेल-पतेली

9

हाय रे भला सींचे जाबो रे
कांदा बारी डबरी ला खींचे जाबो रे।
सावन मा सांवा फूले भादो मा कांसी,
टूरी बर लहंगा लेदे टुरा बर सांफी।

तोर बारी के सुग्घर कांदा, दिन बढ़ते जाये,
देखइया के मनला, एहर तो भरमाय ।।

शब्दार्थ : टूरी-लड़की, टूरा-लड़का, सुग्घर-सुघड़, सुंदर ।

10

हाय रे फूल गोंदा बने रे, संयाजी के गोद फूल गोंदा बने रे ।
तोला गियां बदेंव अच्छा संगी जानके, मैं गियां बदेव रे,
एक झलक दिखाके, ते तो पहुना बने रे, हाय रे फूल ...
छोटकन ले संग संग डोलेन, अब तो भये होशियार,
कांधे के ओढ़ना मुड़े मा चढ़गय, गरब टूटे ससुरार, हाय रे
न सुख पाये भाई दादा घर, न पाइ ससुरार
न सुख जाने संगी जबरिहा के, हाय आज चले ससुरार ।
हाय रे फूल गोंदा बने रे, संयाजी के गोद फूल गोंदा बने रे

शब्दार्थ : गिया बदैंव-मित्र बनाया, पहुना-मेहमान, गरब-गर्व ।

11

हाय रे हाय
मैं तो नाहिं जानौ जी कहाँ बोहावे जाम झरिया ।
घरले निकले फरिका मोर ठढ़े कहाँ बोहावे जाम झरिया
डोंगरी च डोंगरी तै चढ़िजावै, नीचे बोहावे जाम झरिया
हाथे मा गगरी मूढ़े गुदरी, खरे देखय जाम झरिया ।।

12

कदम तीर हमुं जाबो रे ।
ये ही बड़ भारी, कदम तीर हमुं जाबो रे ।
बड़े कन्हैया बंसरी बजाये, हमरो नाम पुकारी ...

काला रे नीली साड़ी काला रे सादा,
काकर सुरता बिसारी ...
छोटकी बर नीला बड़की बर सादा
मंझली के सुरता बिसारी।

13

ओ हो रे हाय रात झिम झिम करे
उठ देवरा केन्दरा बजावा हो। रात झिम झिम करे।
कय दो मोहर केन्दरा रे केन्दरा
कय दो मोहर ओकर तार हो। रात झिम झिम करे
दसे मोह ओकर केन्दरा रे केन्दरा
बीसे मोहर ओकर तार हो। रात झिम झिम करे।
हल जोती आवे कुझारी भाजे आवे
लगे देवरा केन्दरा बजावा हो। रात झिम झिम करे।
फूट गय केन्दरा टूट गये ओकर तार हो
कइसे बजावाँ केन्दरा हो। रात झिम झिम करे।
तुंहर बने केंदरा हो, तुंहर बने तार हो,
पतियावंव तुंहर बात हो। रात झिम झिम करे।

शब्दार्थ : रात झिम झिम करे - रात्रि का सन्नाटा, मोहर-स्वर्ण मुद्रा, केन्दरा-तंतु बाघ, देवरा-देवर

14

गरजत गनमत घाट घोर
भंवर नांगर नौ मोर।
कोठी मा अन्न नहीं, कोठा मा धान
पैरा मा ठनकत है चोर, भंवर नांगर नौ मोर
आठ काट लकरी, नौ मुंज के डोर
राजा के बेटा गइस, कोन कुदाही धोर॥

15

करम सैनी के आवती, जानों सुनो पावती
अहो राम घासी घर, लिये अवतार
अहो राम चौक चन्दन, पिढ़ली मढ़ाये
मिलवा के डार टूट गये
अहो सखि कहंवा जगाबो मिलवा डार। अहो राम ...
झक झक करे झक झूमर
अहो सखि अंगना जगाबो मिलवा डार। अहो राम ...

16

करिया सियाही कागद लिखना गा।
तलफंगे चोला कब मिलना रे ॥
न कुछ बोले न कुछ बताये, हो हाय।
कैसे मा दुविधा समाय, तलफगे चोला ...
न कुछ बोले न कुछ बताय हो हाय।
प्रेमिका - कैनपटी दिन जायै कैन पटी चंदा हो हाय।
कैनपटी तारा समाय, तलफगे चोला ...
न कछु बोले न कछु बताय।
प्रेमी -घर भीतर आग लगे धुँवा नहीं आवे हाय
कैसे मा आंसू बहाय, तलफगे चोला ...
न कछु बोले न कछु बताय हो हाय।
प्रेमिका-लौकी के बेला करेला के पाती हो हाय
ढाका बिना कुम्हलाय, तलफगे चोला
न कछु बोले न कछु बताया, हो हाय।
दो मिलकर गाते हैं - दिया के बाती अऊ चंदा के जोती हो जाय।
रात भये जरियाय, तलफगे चोला ...

17

हां हां रे चन्दा छिप रहिबे कारी बादर मा ।।
कहवां उनोवे तोर कारी बदुरिया
कहवां उनोवे तोर मेघ ।। भाई चन्दा ...
सरगो उनोवे तोर कारी बद्धुरिया
भुवन में बरसे मेघ ।। भाई चन्दा ...
घुठवा म तोरे चूरा बिराजे
चूरा म बरसे मेघ ।। भाई चन्दा ...
कनिहा मा तोरे करधन बिराजे
करधन म बरसे मेघ । भाई चन्दा ...
कोथा म तोर लहंगा बिराजे
लहंगा म पड़िगे नीर ।। भाई चन्दा ...
गरा म तोर सुर्रा बिराजे
सुर्रा म पड़िगे बूंद ।। भाई चन्दा ...
कान म तोर खिनवा बिराजे
खिनवा म पड़िगे बूंद ।। भाई चन्दा ...
माथ मा तोर टिकली बिराजे
टिकली म पड़िगे बूंद ।। भाई चन्दा ...
नाक म तोर नथनी बिराजे
नथनी म बरसे नीर ।। भाई चन्दा ...
सिर पर तोरे खोपा बिराजे
खोपा म पड़िगे बूंद ।। भाई चन्दा ...

18

ओटुरा लहरी, कनिहा मं बांधे जंवर बहरी ।।
ओ टुरा, रसिया कनिहा मां बांधे जंवर हंसिया ।
ओ टुरा घुमना, कनिहा मं बांधे जंवर दुहना ।

बिरिज बर रसिया
चलव साखे डोंगरी पहरिया
हाथ धरे टंगिया खोधे में बसुला
चले जाबो डोंगरी महरिया
बिरिज बन रसिया।

19

लाली पलंग म दुइझन बुढ़े
सुन्दर नाग नगीना।
बंदुक के गोली तड़ातड़ बाजे
अंधरा के पोंछ थे पसीना।
सोने मचुली बइठे कलारिन
मोर पिया ला देथे भरभर मंदला।
मोर हा निच्चट सिधवा
नइ जानय वो रंडी के ढ़ंग ला॥

20

हमर पंयरी झुलाल, रइलो खेते
चल देवरा पंयरी खोजार वो, रइली खेते
खाय लेबे देवरा, दही दूध भात हो
हमर हंसली झुलाल हो, रहलो खेते।

21

आज रे तीतर बोले जी डोंगरी के आड़ मा तीतर बोले हो।
तिलजरय तिलवारी जरय, जरय बनके खद्दा
पहार के तीतर बोलय, झांकत हवय राजा। हो तीतर ...

सिल फूटे सिलोटी फूटय, फूटे बन के पथरा
अपन राजा के रानी रहेंव, आज हो गयेंव कचरा ॥ हो तीतर ...

22

बघुवा रेंगा ले धीरे धीरे गा
डोंगरी के तीरे तीरे
बघुवा रेंगा ले धीरे धीरे ।
कोन नदी एले ठेले
कोन नदी घूंचा पेले
कोन नदी मा मारय झिंचकोरी
डोंगरी के तीरे तीरे ...

23

हाय रे खिसियाबे झनि, जोगुवा हे गीत
हाय रे खिसियाबे झनि ...
तोरे सही आवत देखेंव, तोरे सही जात ।
हाय रे खिसियाबे झनि, जोगुवा हे गीत ।

24

ले जाबे कोइली कछार, जोड़ी मोला ले जाबे रे ।
ले जाहूँ कोइली कछार, जोड़ी तोला ले जाहूं रे ।
झिरिया के पानी छलक बहना रे
रे रोइ चोला हमार ।
झांवर के रंग कठिन चलना रे,
कइसे के पाहूँ किनार
डोंगर देवारी में जरथे पतेरा,
सब बन होथे उजार ।

डोंगर कोती करबो गुहार
ले जाबे कोइली कछार। जोड़ी मोला ले जाबे रे।

25

हाँ हाँ रे रतन बोइर तरी रे
गड़े है मेन हरी कांटा, रतन बोइर तरी
ओई मा ले नहकंय डिंडवारे, छैलवा
हेर देबे मैनहरी कांटा रतन बोइर तरी रे
कांटा हेरनी का मूर्ति देबे,
हेर देबे मैनहरी कांटा, रतन बोइर तरी रे।
ले लेबे भइया लहुरी दिया
हेर देबे मैनहरी कांटा रतन बोइर तरी रे
लहुरी ननदिया तोरे घर भावय
नइ हेरंव मैनहरी कांटा, रतन बोइर तरी रे
लुहरि ननदिया तोरे घर भावय
नइ हेरंव मैनहरी कांटा, रतन बोइर तरी रे
ले लेबे छैलवा मोरे रस बुंदिया
हर देहंव मैनहरी कांटा, रतन बोइर तरी रे।

26

जियत जनम लेबे हंसि लेबे खेलि लेबे,
फेर ये दुरलभ संसार।

अध्याय-10

राऊत नाच

राऊत छत्तीसगढ़ की एक पशुपालक जाति है। इनका प्रमुख पेशा गाँवों के पशुओं को चरागानों में लेजाकर चराना है। इनका यह पेशा एक वर्ष के ठेके पर निर्धारित होता है और इनका यह वर्ष दीपावली से दीवापली तक होता है। दीपावली के अवसर पर ये लोग उन परिवारजनों को आर्शीवाद और शुभ कामनाएं प्रदान करने हेतु जाते हैं, जिनके मवेशी वे वर्ष भर चराते रहे हैं। यह जाति कृष्ण को अपना पूर्वज मानती है। दीपावली इनका प्रमुख पर्व है और दीपावली के दूसरे दिन राऊत गोबरधन और मातरपूजा (मातृपूजा) मनाते हैं।

गोबरधन पूजा गोबरधन पर्वत के प्रतीकस्वरूप कृष्ण की ही पूजा है। हिन्दू पौराणिक कथाओं के अनुसार इन्द्र देवताओं के राजा हैं और वे वर्षा के देवता भी हैं। कृष्ण ने अपनी जाति के लोगों से कहा कि वे इन्द्र की पूजा नहीं करें। इस बात से इन्द्र अत्याधिक क्रोधित हो गये और उन्होंने कई दिनों तक भारी वर्षा की। संपूर्ण ब्रज जलमग्न हो गया। चारों ओर हाहाकार मच गया। कृष्ण सभीजनों एवं पशुओं को लेकर गोवर्धन पर्वत चले गये और उन्होंने अपनी तर्जनी अंगुली पर पर्वत को उठालिया और सबको उस पर्वत की छत्रछाया में रखकर उनकी रक्षा की। इस घटना के उपरान्त इन्द्र के स्थान पर कृष्ण की पूजा होने लगी। राऊत दीपावली के दूसरे दिन प्रतीक रूप में गोबर से गोबरधन पर्वत की आकृति बनाते हैं जो मनुष्य की आकृति सदृष्य होती है और उनकी पूजा करते हैं। वे मातरपूजा का आयोजन गांव के दहियान में करते हैं जो मातृका पूजन है। मातरपूजा में मातृका के प्रतीक रूप में एक स्तंभ की दहियान में स्थापना की जाती है।

दहियान संपूर्ण गाँव के पशुओं का एक विश्राम स्थल है, जहां चराने हेतु ले जाने के पूर्व सभी पशुओं को इकट्ठा किया जाता है। इसी स्थान के मध्य मातरखम्बे को स्थापित करके उसकी पूजा करते हैं। मातरपूजा के दूसरे दिन से राऊत अपने जजमानों के यहाँ सजधज कर नाचते गाते हुए जाते हैं। यह कार्यक्रम देव प्रबोधनी एकादशी तक चलता है।

इस अवसर पर राऊत छींटदार नये वस्त्र धारणा करते हैं जो रेशमी या सूती कोई भी हो सकते हैं। ऊपर वाले सलूखे में कौड़ियां भी गूंथी जाती हैं। वे कौड़ी गुंथे हुए दो दुपट्टे सदृष्य पट्टे भी धारण करते हैं जो सीने से कंधों के पीछे पीठ तक जाते हैं। दोनों कंधों के नीचे भुजाओं पर मोरपंख के गट्ठे बांधते हैं। सर पर रंगीन साफे धारण करते हैं। पैरों में पीतल की बजने वाली पैजन एवं घुंघरूओं वाले पट्टे बांधते हैं जिनका नृत्य के लिये प्रयोग अनेक नृत्यों में प्रचलित है। नृत्य करते समय वे दोनों हाथों में लाठियां रखते हैं। वे दोहे गाते हैं और प्रत्येक दोहे के बाद लाठियों को आकाश की ओर उठाकर नृत्य करते हैं। नर्तक एक समूह में आते हैं। नर्तक समूह के सदस्य मुखिया राऊत के परिवार के सदस्य ही होते हैं। अपने जजमान के घर पर पहुँचने पर सर्वप्रथम वे नृत्य करते हुए पशुओं के गले में मोरपंख और रस्सी से बनी हुई मालाएं पहनाते हैं। ये मालाएं सुहई कहलाती हैं। ये मालाएं अभिचार के उद्देश्य से पशुओं के गले में बांधी जाती हैं, जो पशुओं को बीमारी एवं जादू टोने से सुरक्षा प्रदान करती हैं।

राऊत अपने नृत्य की संगत के लिए गांड़ा बाजा वालों को पारिश्रमिक पर रखते हैं। इन बाजावालों की सदस्य संख्या पांच से सात तक होती है। इनमें एक या दो पुरूष नचकार होते हैं जो स्त्री वेष में होते हैं। अन्य वादकों में एक निशान बजाने वाला, एक ढपड़ा बजाने वाला, एक टिमकी बजाने वाला तथा एक मोहरी बजाने वाला होता है। राऊत नाच किसी प्राचीन योद्धा जाति का अवशेष प्रतीत होता है। कुछ नर्तक जिनके एक हाथ में लाठी होती है वे अपने दूसरे हाथ कोई हथियार जैसे छोटे आकार की तलवार, ढाल, सांभर के सींग आदि लिये होते हैं। वे नृत्य करते हुए अपने हथियारों का भी प्रदर्शन करते हैं। नर्तक दल का एक व्यक्ति एक दोहा गाता है फिर दूसरे सभी लोग उसे दुहराते

हैं। सामान्यतः प्रथम दोहा मुखिया गाता है फिर दूसरे सभी लोग उसे दुहराते हैं। सामान्यतः प्रथम दोहा दल का मुखियां प्रस्तुत करता है। फिर कोई भी अन्य नर्तक दोहे गाते हैं।

राऊतों के कुछ दोहे :

1

धन गोदानी भुंइया पावा, पावा हमर असीस
नाती पूत लें घर भर जावे जीवा लाख बरीस।

2

नदी तीर मा चन्दन रूखना, जे तर माढ़े दइहान हो
डारा डारा मा पंडरा बछुरा, पाल्हा बगर गाय हो।

3

भाठा देखेंव दुमदुमिया, उल्हरे देखेंव गाय हो
ओढ़े देखेंव कारी कमरिया, ओही ननद के भाय हो।

4

नील बोय न छूटि है लोह न कंचन होय
कतको कपूर चराइये, कागा न हंसा होय।

5

कारे छैलवा के घीव हरेंच, कपूर लगाये बाती
जोन दिन ठाकुर जनम लिहिन, सोन बरस गय राती।

6

आगू कहीं मार मार, पाछू धनुष चलाय
गाय कहौं सुपेता का, बाघ मार कर खाय।

7

आवत देवारी लुहलुहिया जावत देवारी बड़दूर
जा जा देवारी अपन घर, फागुन उड़ावे घूर।

8

चिरई मा सुन्दर पतरेंगवा, सांप सुघर मनिहार
रानी मा सुग्घर कनिका, मोहत है संसार।

9

कोरिया बीने पठोरिया, कोष्टा बीने रंग चीर
गढ़े सोनरवा बजनी पैरी, गवना के दिन तीर।

10

लिखनी डोले कागद डोले, पतिया भेजी न जाय
सूध न आवय छतिया फटे, अंग अंग महकाय।

11

गाय चरावै गहिरा भइया भैंस चराय ठेठवार रे
चारौं कोती बहुत बोहावै, दही दूध के धार रे।

12

गऊ माता के महिमा भइया भैंस चराय ठेठवार हो
चारौं कोती बहुत दुहावै, दही दूध दे धार हो।

13

नारी निन्दा झन कर दाऊ, नारी नर के खान हो
नारी नर उपजावै भइया, घुरू पहलाद समान हो।

14

दिन के दुनियां मां संगी झन कर बहुत आस रे
नदी तीर के रूखड़ा भइया जब तब होय विनाश रे।

15

तेल फूल मा लइका बाढ़ै, पानी मा बाढ़ै धान रे
बात बात मा झगड़ा बाढ़ै, अऊ खिनवा मा बाढ़ै कान रे।

बांझ गीत :

सारदा सारद में रहेंव सारदी माता
उतर सारदी माता महियर ले
बैठन मांझा दरबार
बैठे बर देवं कारी कमरिया
माड़ी धोतेंव चरणामृत लेतेंव
अऊ डंडा सरन टेकोंत पांव हो।
काबर अवतरिन हनुमान हो।

काबर अवतरिन कोसिल्या के लछिमन राम
काबर अवतरिन किसन भगवान हो।
रावन बधे बर अवतरिन राम
कंस बधे बर किसन भगवान हो।
रावन ला बध के रामायण बनाइन
कंसला बध के पुरान हो।
नामी कलम ले मोर ब्रह्माजी उपजय
बांचबे बेद पुरान हो।

अध्याय-11

बैगा जनजाति और विवाह नृत्य नाट्य

बैगा मध्यवर्ती भारत की एक अत्यन्त आदिम जाति है। इनका निवास स्थान सतपुड़ा पर्वत से मैकल पर्वत के मध्य फैला हुआ है। यह क्षेत्र प्रमुख रूप से मध्यप्रदेश और छत्तीसगढ़ में स्थित है। वर्तमान समय में बैगाओं का निवास स्थान बालाघाट की वहियर तहसील जो सांस्कृतिक एवं अनुवांशिक दृष्टि से मण्डला जिले का ही विस्तार है, में रहते हैं। कवर्धा जिले के उत्तरी क्षेत्र में पंडरिया जमींदारी में जो उच्च भूमि घने वनों से आच्छादित है, डिंडोरी तथा मण्डला, पेण्ड्रा तथा बिलासपुर जिले की पंडरिया तथा लोरमी तहसीलें जो बिलासपुर की ओझा सांस्कृतिक एवं भौगोलिक दृष्टि से मण्डला का सदृष्य अधिक प्रतीत होती है, बैगाओं का निवास क्षेत्र हैं। जबलपुर में निवास के बैगा और छत्तीसगढ़ एवं मंडला के बैगा क्षेत्र का विभाजन पूर्णतः कृत्रिम है। रींवा क्षेत्र में बैगा उन पर्वतीय क्षेत्र में निवास करते हैं जहाँ से नर्मदा नदी दिखाई पड़ती है।

यह संपूर्ण क्षेत्र पर्वतीय है और सघन वनों से आच्छादित है। बैगा जनजाति में भी भूमिया बैगा सर्वाधिक पिछड़े हुए हैं जो मैकल पर्वत श्रृंखला में अमरकंटक से साले टेकड़ी के मध्य निवास करते हैं ... परन्तु सूपगढ़ और बहियर पर्वत श्रृंखला पर 'निवास' भी किसी भी रूप में कम रमणीय नहीं कही जा सकती, लामटा के चौतरफा का चट्टानी क्षेत्र, निवास का सुरम्य क्षेत्र, मण्डला का पठारी क्षेत्र जिसपर फलते फूलते वन उसे परियों का देश बनाते हैं, और जगमण्डल के सुनसान रास्ते यही सुन्दर क्षेत्र बैगाओं की भूमि है। मण्डला और बालाघाट और वर्तमान डिंडोरी जिले बैगाओं के मूल स्थान नहीं है। वे यहां छत्तीसगढ़ से सतपुड़ा पर्वत श्रृंखला की पश्चिमी सीमा पर आकर बस गये हैं जो मैदानी क्षेत्र है।

मंडला और मैकल का बालाघटा सर्वाधिक बीहड़ और रहने की दृष्टि से अत्यन्त अनुपयुक्त है। ऐसा संभव है कि बैगा सर्वप्रथम यहाँ इस स्थान पर आकर बसे हों और यहां से छत्तीसगढ़ के उपजाऊ क्षेत्र में फैल गये हों। परन्तु यह निश्चित ही माना जा सकता है कि बैगा जाति यहां बसने वाली सर्वप्रथम जाति है जो छत्तीसगढ़ के मैदानी भाग और उसके उत्तर एवं पूर्व में स्थित पर्वतीय क्षेत्र में आकर बसी है। भैना, भुंजिया और बिंझवार जनजातियाँ इस क्षेत्र में अभी भी निवास करती है जो वे सब बैगा जाति की शाखाओं के रूप में पहचानी जा सकती है।

बैगा जनजाति का सर्वप्रथम विवरण डब्ल्यू. बी.थामस ने शिवनी जिले की सैटलमैंट रिर्पोट में 1868 - 65 में प्रस्तुत किया था। कर्नल एच.सी.ई वार्ड ने उन पर आरंभिक कुछ मानवशास्त्रीय अध्ययन मंडला सेटलमैंट रिपोर्ट में प्रकाशित किया था। उन्हें इस जनजाति के विषय में लिखा, बीहड़ वनो में निवास करने वाले ये लोग स्वतन्त्र हैं, उच्चस्तर के उत्साही, सदाचारी, उपकार करने वाले, अल्पवस्त्र धारण करने पर भी वे अच्छी कुटियों में रहते हैं और उनके गाँवों की बसाहट सुव्यवस्थित है। मैकल पर्वत श्रृंखला में किसी बैगा ग्राम को देखना सुखद अनुभव है। कैप्टैन जे. फोरसिथ ने अपने ग्रन्थ 'हाईलैड्स ऑफ सेंट्रल इंडिया' में बैगा जाति के विषय में लिखा है, वनों में रहने वाले बैगा गोंड जाति की तुलना में हर दृष्टि से श्रेष्ठ हैं। घाटी के निचले क्षेत्र में रहने वाले कुछ बैगाओं ने अपनी जीवन शैली को कुछ हद तक बदल लिया है और वे गोंडजनों के साथ रहने लगे हैं। इन पर कुछ सीमा तक हिन्दू प्रभाव दिखाई पड़ता है और ये लोग बालों को हजामत करके छोटे बाल रखने लगे हैं परन्तु मूल बैगा अभी भी प्राकृतिक वातावरण में अपने मूलस्वरूप में ही रहते हैं।

बैगाओं के नाक नक्श अन्य कोलमूलक जातियों के सदृष्य ही मिलते हैं, जैसे हो, मुण्डा, कोल और भैगाओं के हैं। उनका वर्ण अत्यन्त शामवर्णी है और वे सीधे तनकर चलने वाले, इकहरे बदन के सुघढ़ कदकाठी वाले होते हैं। अन्य आदिम जातियों की तुलना में उनके नाक नक्श नीग्रोमूल के कम लगते हैं। उनके

बदन पर मात्र एक लंगोटी जैसा वस्त्र या पूर्णरूप से वेषभूषा के रूप में एक मोटा वस्त्र जिसे वे दुपट्टे की भांति सीने को ढकते हुए लपेटते हैं, लम्बे कोयले के सदृष्य काले केश और हाथों में धनुष बाण तथा कंधे पर टंगिया (कुल्हाड़ी) इस रूप में बैगा किसी पहाड़ी आदिम जाति के आदर्श प्रतीक मालूम पड़ते हैं। भूमि जोतने से पूरी तरह परहेज करने वाले ये लोग दहिया खेती करते हैं जो जंगल काटकर वहाँ के वृक्षों को जलाकर उनकी राख पर बीज छिड़क कर की जाती है। यह स्थान उनके निवास स्थान के नजदीक होता है जिसे वे बांस की बाड़ बनाकर घेर देते हैं।

बैगाओं का उपरोक्त वर्णन 1971 की जनगणना रिपोर्ट में दिया गया है। यहाँ तक कि वर्तमान समय में भी इनकी आर्थिक दशा में विशेष परिवर्तन नहीं हुआ है। अभी भी उनमें हल द्वारा भूमि जोतने को वर्जित माना जाता है और वे वनों को काटकर वृक्षों को जलाकर उस स्थान पर खेती करते हैं। हल चलाना उनकी मान्यता में निषेध है। वे भूमि को अपनी माँ मानते हैं, अतः 'माँ के सीने पर हल कैसे चला सकते हैं। ऐसा करने पर माँ को आघात पहुँचेगा।' कृषि सभ्यता में लाने के उपक्रम में उन्हें पर्वतों से नीचे लाकर मैदानी क्षेत्र में बसाया गया जिसे बैगाचक का नाम प्रदान किया गया, परन्तु यह योजना भी सफल नहीं हो सकी। शासन ने बैगा विकास खण्ड प्राधिकरण की स्थापना की है जो अत्यन्त आदिम जातियों के विकास हेतु गठित किये गये प्राधिकरणों में से एक है। वेरियर एल्विन ने बैगा जनजाति पर 'बैगा' नाम से एक विशाल मोनोग्राफ लिखा है जो बैगा जनजाति के समस्त पक्षों पर अध्ययन प्रस्तुत करता है।

बैगा आदिवासियों का धर्म जीववादी (एनिमिस्टिक) है, परन्तु दीर्घकाल से हिन्दूओं के संपर्क में रहने के कारण उनपर भी कुछ हिन्दू धर्म का प्रभाव पड़ा है। वे अपने देवी देवताओं की आराधना तो करते ही हैं परनतु साथ ही वे कुछ हिन्दू देवी देवताओं की पूजा भी करते हैं। नंगाबैगा उनके आदिदेव हैं और बैगा उन्हें अपना पूर्वज मानते हैं। इस जाति का अपना देवलोक है परनतु इनमें से किसी भी देवता की प्रतिमा का विकास नहीं हुआ है इसलिए वे अपने देवी देवताओं की पूजा मूर्ति रूप में नहीं करते। इस जाति के मिथक, लोक कथाएं एवं लोकगीत समृद्ध है। बैगा अपनी मूल भाषा बैगानी भूल चुके हैं और वे

अपभ्रंश छत्तीसगढ़ी बोलते हैं। इनकी मूल भाषा कोलेरियन भाषा परिवार की थी। बैगाओं में कई प्रकार के नृत्य विद्यमान है। इनके प्रमुख नृत्यों में दशहरा नृत्य, करमा, झरपट, रीना है। दशहरा नृत्य दशहरा पर्व पर आरंभ होता है जो दीपावली तक जारी रहता है। झरपट नृत्य में युवक एवं युवतियाँ एक दूसरे को चिढ़ाते हैं। इनके अलावा भड़ौनी और परधोनी नृत्य हैं जो विवाह के अवसर पर किये जाते हैं।

परधोनी नृत्य नाट्य :

झरपट नाच में युवतियाँ एवं युवक एक दूसरे को चिढ़ाते हुए नृत्य करते हैं। इस अवसर पर वे ददरिया गीत गाते हैं। ददरिया दो पंक्तियों के पद होता है। इन पदों में यौन संकेत भी प्रतीकात्मक शैली में व्यक्त किये जाते हैं। गायन प्रश्न उत्तर शैली में होता है। युवक एक ददरियां गाते हैं और युवतियां उनका अनुकूल उत्तर देती है। नृत्य के हाव भाव एवं आंगिक चेष्टाओं में भी यौन के सूक्ष्म प्रतीक निहित होते हैं। भड़ौनी नृत्य वधु परिवार की स्त्रियों द्वारा विवाह के अवसर पर किया जाता है। इस नृत्य के समय स्त्रियाँ वर पक्ष के सदस्यों के लिये गालियां गाती है, जो कभी कभी अश्लील तक हो जाते हैं।

परधौनी नृत्य भी विवाह के अवसर पर किया जाता है। जब बारात वधु पक्ष के घर पर पहुँचती है तब इस नृत्य नाट्य का आयोजन होता है। दो खाटों को आड़ा और सीधा जोड़कर दो व्यक्ति उन्हें उठाते हैं। इसे एक काले रंग के वस्त्र या कंबल से ढक लेते हैं और इस प्रकार से हाथी के स्वरूप की संरचना करते हैं। एक वस्त्र को गोल लपेट कर उससे हाथी का सूंड बनाते हैं। दूल्हे का पिता इस हाथी की सवारी करता हुआ वर के द्वार पर पहुंचता है। वह एक हाथ में कुल्हाड़ी और दूसरे हाथ में तलवार लेकर एक योद्धा का अभिनय करता है। इस अभिनय में वह तलवार और कुल्हाड़ी को आक्रामक ढ़ंग से घुमाने का प्रधर्शन करता है और ऐसे दर्शाता है मानों कि वह विजेता हो। उसके ऐसे मनोरंजक हावभाव बारातियों का मनोरंजन करने के लिये और वधु पक्ष का उपहास करने के लिये होते हैं। यह विवाह की आदिम कालीन प्रथा जिसमें विवाह हेतु वधु को जीतने

या उसे भगाकर ले जाया जाता था उसके अवशेष का नृत्य नाट्य प्रदर्शनहै। वर्तमान समय में भी गोंड बैगा एवं भील जैसी जनजातियों में यह प्रथा (Marriage by copture) विद्यमान है। भीलों के भगोरिया हाट तो इसी प्रथा के आयोजन हैं।

जब समधी हाथी पर सवार हो जाता है तब कुछ युवक हाथी की सूंड पकड़कर इसे दांये बांये खींचते हैं। हाथी उसी दिशा में घूमता है मानो वह नृत्य कर रहा हो। बारात के साथ नंगाड़ा व टिमकी बजाने वाले कुछ युवक भी होते हैं जो इन्हें बजाते हैं और इससे ऊँची ध्वनि उत्पन्न होती है। हाथी पर सवार समधी अपने युद्ध के फरसे को जोर जोर से घुमाता हुआ युद्धरत होने का अभिनय करता है। जैसे जैसे बारात वधु परिवार के घर के समीप पहुँचती जाती है नंगाड़ों की ध्वनि और तेज होती जाती है। वधु पक्ष के सदस्य भी ऐसा अभिनय करते हैं मानों वे आक्रमणकारियों का मुकाबला कर रहे हों। वे विजयी की भांति किलकारियां भरते हैं और हाथी को घेरकर तरह तरह का अभिनय करते हैं। इनकी सभी आंगिक चेष्टाएं, मुद्राएं एवं अभिनय उपस्थित दोनों पक्ष के लोगों का मनोरंजन करती हैं। यह नृत्य कुछ देर तक चलता है और इसी बीच वधु के पिता को कुछ युवक पकड़ कर हाथी पर बिठा देते हैं जो इस बात का प्रीतक है कि उसे पराजित करके पकड़ लिया गया है। इसके बाद बारात का स्वागत किया जाता है और समधी की अगवानी की जाती है। हाथी की सूंड को पकड़ कर इधर उधर घुमाया जाता है और वादक जोर जोर से नंगाड़े बजाते हैं मानो युद्ध के नंगाड़े बज रहे हों। इसके उपरान्त हाथी को वधु पक्ष के घर के प्रांगण में ले जाते हैं जहाँ वह कुछ समय तक नृत्य करता है। कुछ युवक हाथी की सूंड को पकड़ कर उसे भी नचाते हैं। इसके उपरान्त वधु का पिता हाथी से नीचे उतरता है जो इस बात का प्रतीक है कि उसने पराजय स्वीकार कर ली।

वधु पक्ष की स्त्रियाँ विवाह गीत गाने लगती है और गीतों के माध्यम से वर पक्ष का स्वागत करती हैं। दोनों समधी गले मिलते हैं। इस अवसर पर स्त्रियाँ ददरिया तथा करमा गीत गाती हैं जिनमें प्रतीकात्मक रूप से यौन भावना अभिव्यक्ति होती है। इस अवसर पर किये जाने वाले नृत्य में भी आंगिक चेष्टाओं में यौन भावना के सूक्ष्म प्रतीकों का प्रयोग होता है। यहाँ कुछ विवाह गीत प्रस्तुत हैं :-

1

तोरे बरन कहाँ पाओ सुआ तोरे बरन रे।
हाथ में तो चूरा चाकी कान तरूकिया,
आठों अंग भुजा ला चमकाय, सुआ तोर बरन रे।
गरे मा तो छूटा मुड़े मा कलंगिया
हँस हँस माया न लगाए, सुआ तोरे बरन रे।

इस गीत में श्रृंगार रत् नायिका अपनी सुन्दरता की तुलना सुआ के सौदर्य से कर रही है और कह रही है कि वह सुआ जैसी सुन्दर कैसे हो सकती है। वह हँस हँस कर यह कह रही है कि उसके जैसा सुन्दर जीवन साथी उसे कहाँ मिलेगा। इस गीत में हाथ, कान, आठों अंगों एवं भुजा के आभूषणों का भी वर्णन किया गया है, साथ गले के सूता और सिर पर कलंगी का भी।

2

हरियर मढ़वा धरम बने तोर
ऐसे धर्म ले करम कहां पाये
खड़ा खड़ा नदी बहय निराधार
मामा के बेटी, करय स्नान
जाहिला मां।
कठुवा ला काठे कटाहिना
आये बिना बन के बीजा
नवके धुकैया किंजर भंवरी
अंगना मां।
हाथी मारै घोड़ा मारै लात तरियर
मेला खवा के पठोंय देवें,
मुंगेली बाजार
रींवा के रानी रोधै।

उपरोक्त गीत के प्रथम पद में मण्डप निर्माण का वर्णन है। दूसरे पद में भांवर (विवाह का भांवर) का साक्ष बिजना (पंखा) है। तीसरे पद में विवाह के अवसर पर 'हाथी नृत्य नाट' का वर्णन किया गया है।

छीचे ला जावै, पकड़ कोतरी
छीरी अंगरी छीरी अंगरी पकड़ के
किंजर भंवरी अंगना मां

इस चौथे पद में वर वधु की छोटी अंगुली पकड़ कर भांवर ले रहा है अर्थात विवाह सम्पन्न हो रहा है।

3

चुरा मुरा, चुरा मुरा हरदी पिसान रे,
केखर लगुन धराये
काहे का सांगो केखर लगुन धराये,
सारे साजन महुआ गड़ायेगा।
सातों बहिनी लगुन धराये
केखर लगुन धराये
काहे की सातों बहिनी लगुन धरायेगा
सातों बहिनी बैठी जंगा जोर
केखर लगुन धराये ॥

4

बाजत है ताम के नंगाड़ा,
चलि देखि आओ ठाकुर दुआरा रे
केखर घर मांदर बाजे, केखर घर तारा,
केखर घर बाजत नंगाड़ा
चलि देखि आओ ठाकुर दुआर

घसियन घर मांदर बाजे, लहुरन घर तारा,
दुलियन घर हो बाजथे नंगाड़ा
चलि देखि आओ ठाकुर दुआरा
केकर घर मंडुवा छाये, केखर घर भारा
केखर घर थै हो लगुन विचारा,
चलि देखि आओ ठाकुर दुआरा,
घुमियन घर मंडुवा छाये, भरियन घर भारा,
बैगन घर होथे हो लगुन विचारा,
चलि देखि आओ ठाकुर दुआरा

इस गीत में गाँव की स्त्रियों की जिज्ञासा का वर्णन किया गया है कि किसके घर में विवाह के नंगाड़े बज रहे हैं। किसके घर में विवाह का मण्डप बनाया गया है। बैगिन (बैगा स्त्री) के घर में लग्न का विचार हो रहा है।

बेटी की बिदाई के अवसर का गीत

इ तोरी नानी नानर नानी,
तोरी नाना रे ना, तोरी नाना रे ना
देखो रे देखो दाई
मैं घरई जात
इ तोरी नानी नानर नानी,
तोरी नाना रे ना, तोरी नाना रे ना
दारे चाम उरा दाई के,
ते भी दाते
इ तोरी नानी नारन नारी
तोरी नाना रे ना, तोरी नाना रेना
ये जिनको दी नई दाई
मैं घर घरई जात
तोरी नारी नानर नानी
तोरी नाना रे ना, तोरी नाना रे ना

बसती नई सुन
इ तोरी नानी नानर नानी
तोरी नाना रे ना, तोरी नाना रे ना

इस गीत में बेटी बिदा के अवसर पर अपनी माँ को सांत्वना देते हुए कह रही है, हे दाई मैं अपने घर जा रही हूँ। तूने मुझे बहुत प्यार दिया है। मेरे जाने से तेरी यह बस्ती सूनी हो जायेगी। लेकिन मैं समय समय पर तेरे घर आती रहूँगी।

उपरोक्त सभी गीत 'बैगा' से साभार। मध्यप्रदेश लेख श्री वसन्त निर्गुणे। मध्यप्रदेश आदिवासी लोक कला परिषद भोपाल का प्रकाशन।

अध्याय-12

कमारों का विवाह नृत्य

कमार जनजाति भारत की सर्वाधिक पिछड़ी जनजातियों में से एक है । इनका निवास स्थान छत्तीसगढ़ के सघन वर्षावनों में स्थित है जो खनिज संपदा की दृष्टि से भी अत्यन्त समृद्ध है । कमारों का निवास क्षेत्र छत्तीसगढ़ के तीन जिलों धमतरी, महासमुंद और रायपुर में स्थित है। यह क्षेत्र छत्तीसगढ़ के पूर्वी छोर पर स्थित है जिसकी सीमा उड़ीसा से लगती है। यह जनजाति आंशिक रूप से कृषि पर एवं आंशिक रूप से वनोपज संग्रह पर निर्भर है। इसके साथ ही इस जाति के लोग अच्छे शिकारी भी होते हैं और वनों से कंद मूल का भी संग्रह करते हैं। इस जाति के लोग बांस शिल्प में कुशल हैं और ये बांस की बहुत सी वस्तुओं के अतिरिक्त अनेक प्रकार के फंदे बनाते हैं। इन फंदों से वे चूहे, खरगोश, हिरण, जंगली सूअर आदि पशुओं को पकड़ कर उनका आखेट करते हैं। कमार मछली पकड़ने के भी बीसों प्रकार के फंदे बनाते हैं।

कमार जनजाति आस्ट्रिक वंश की जाति है जो अपनी भाषा भूल चुकी है और अब वह अपभ्रंश छत्तीसगढ़ी बोलती है । वर्तमान समय में कमारों की जनसंख्या लगभग पच्चीस हजार है। इनमें साक्षरता का स्तर बहुत ही कम है। इनके नाक नक्श अनाकर्षक हैं। पुरूष अपने तन पर मात्र एक लंगोटी जैसा वस्त्र धारण करते हैं। स्त्रियाँ भी एख छोटी साड़ी जो पटका कहलाती है उतना ही वस्त्र धारण करती हैं तथा उसी साड़ी के आंचल से अपना वक्षस्थल ढक लेती है।

कमारों में कला तत्वों का बहुत ही कम विकास हुआ है। उनमें भगाकर ले जाकर विवाह करने की प्रथा भी विद्यमान है जिसे मानवशास्त्र में (Marriage by Capture) कहते हैं । इस प्रथा के अनुरूप विवाह के अवसर हेतु इनमें एक

ऐसे ही नृत्य का विकास हुआ है। विवाह के अवसर पर किये जाने वाले इस नृत्य में कुछ कुछ नाट्य तत्व भी दिखाई पड़ते हैं। नृत्य के साथ ये लोग ददरिया गाते हैं।

इस प्रकार के विवाह में, जो प्रथा अब क्षीण होती जा रही है, वर्तमान नृत्य पुरानी प्रथा के अवशेष के रूप में जीवित है। भगाकर या जबरदस्ती पकड़ कर विवाह करने की स्थिती में दोनों दलों में अनेक बार संघर्ष की स्थिती उत्पन्न हो जाना भी स्वाभाविक है। पुराने जमाने में आज की तुलना में ऐसे संघर्ष की संभावना अधिक होती थी। परन्तु उस प्रकार के संघर्ष की स्मृतियां विवाह के अवसर पर किये जाने वाले नृत्य में अवशेष के रूप में हम अभी भी देख सकते हैं।

जब बारात वधु पक्ष के द्वार पर पहुँचती है तो बाराती उत्तेजक नृत्य करते हैं। उनके हाथों में हथियार जैसे फर्से, दाव, गंडासे, डंडे तथा कुल्हाड़ी आदि होते हैं। वे जोर जोर से किलकारियां भरते हैं, सीटियां बजाते हैं और अपने हथियारों को आकाश की ओर उछाल उछाल कर ददरिया गाते हैं मानों कि वे वधु पक्ष को संघर्ष के लिये ललकार रहे हों। सभी बाराती मदिरापान किये होते हैं और उनका यह नृत्य कलात्मक कम और भयानक अधिक लगता है जो ददरिया इस नृत्य के साथ ये लोग गाते हैं, वे अपभ्रंश छत्तीसगढ़ी में होते हैं। बारात का नेतृत्व वर के पिता करते हैं या उस परिवार का कोई ऐसा बुजुर्ग व्यक्ति करता है जो बलिष्ट हो और दल का सेनानायक जैसा लगता हो। उसके हाथों में धनुष बाण और कंधे पर फरसा या टंगिया होता है।

ज्यौंही बारात वधु पक्ष के द्वार पर पहुँचती है तो बराती और भी उत्तेजक मुद्रा में नृत्य करते हैं, किलकारियां भरते हैं, सीटियां बजाते हैं। इनके नृत्य में पद संचालन में न तो एक रूपता होती है न ही आपसी तालमेल। कुछ लोग अपने हथियारों को हवा में उछालने लगते हैं तो कुछ लोग स्वयं उछलकूद करने लगते हैं। इनके साथ संगत में नंगाड़े या ढोल एवं मांदर का प्रयोग किया जाता है। इस प्रदर्शन के पश्चात् वधु के पिता एवं उनके परिवार के वरिष्ठजन एवं नाते रिश्तेदार बारात की अगवानी करते हैं। सर्वप्रथम वधु का पिता वर के पिता से गले मिलता है और फिर पारी पारी से दोनों पक्ष के लोग एक दूसरे को गले लगाकर मिलते हैं। वधु पक्ष की स्त्रियां इस अवसर पर नृत्य करती हुई विवाह गीत गाती हैं। नृत्य कुछ

कुछ करमा शैली से मिलता जुलता होता है। इसके उपरान्त स्त्रियां गाली गीत गाती हैं जिनमें वर पक्ष की महिलाओं के चरित्र पर लांछन लगाये जाते हैं। ये गीत कुछ सीमा तक अश्लील भी होते हैं, परन्तु उनका कोई बुरा नहीं मानता। इन गीतों का संबोधन समधिन वर की चाचियों, बुआओं और विवाहित बहनों और घनिष्ट रिश्ते नाते की स्त्रियों के प्रति होता है।

इस नृत्य के उपरान्त वधु पक्ष वरपक्ष को महुवे की शराब पेश करता है। वधुपक्ष की स्त्रियां अपना नृत्य और गायन जारी रखती हैं। शराब का दौर खत्म होने के पश्चात् बारातियों को भोजन कराया जाता है। इस तरह से यह नाटकीय विवाह नृत्य समाप्त होता है।

अध्याय-13

माओपाटा : बस्तर की मुरिया जनजाति का एक नृत्य नाट्य

मध्यप्रदेश का बस्तर जिला अनेक दृष्टियों से भारत का एक अत्यंत महत्वपूर्ण क्षेत्र है, जो इस प्रदेश के एकदम दक्षिण में स्थित है। भारत का यह सबसे बड़ा जिला है जो क्षेत्रफल में यूरोप के कुछ राष्ट्रों से बड़ा है तथा भारत के केरल प्रदेश से भी आकार में बड़ा है। संपूर्ण जिला दक्षिण के पठार पर स्थित है तथा ऊंची पर्वत श्रृंखलाओं से घिरा हुआ है। इस जिले में चौड़े पत्तों वाले सघन वन विद्धमान हैं, जिनमें शाल, सागौन, महुवा, तेंदू, साजा, खमार, माहुल, हर्रा, बहेड़ा, आवंला और हलदू आदि के वृक्ष बहुतायत में पाए जाते हैं। इनके अतिरिक्त भी अनेक प्रजातियों के वृक्ष इन वनों में मौजूद हैं, जो पर्यावरण, औषधि तथा अनेक प्रकार की वनोपज के लिए महत्वपूर्ण हैं। इन वनों में बांस भी बहुतायत में पाया जाता है। समुद्र सतह से दो हजार फुट से साढ़े तीन हजार फुट की ऊंचाई पर यह संपूर्ण क्षेत्र दक्षिण के पठार पर फैला हुआ है। बस्तर जिले की भौगोलिक सीमाएं उत्तर में रायपुर से लगती है, पश्चिम में महाराष्ट्र प्रदेश से, दक्षिण में आन्ध्रप्रदेश से तथा पूर्व में उड़ीस प्रदेश से लगती है।

इस जिले की जनसंख्या लगभग बीस लाख है, जो इस विशाल क्षेत्र की दृष्टि से अत्यंत विरल है। इस जनसंख्या का लगभग अस्सी प्रतिशत भाग आदिवासियों का है जो प्राचीन काल से यहां निवास करते आ रहे हैं। इन आदिवासियों में गोंड, भतरा, हलबा, मुरिया, झोरिया, राजामुरिया, धुरवा (परजा) डंडामी माड़िया, दोरला तथा अबूझमाड़िया जनजातियाँ प्रमुख हैं। इनके अतिरिक्त कुछ सांवरा तथा गदबा जनजाति के लोग भी यहां बसे हुए हैं। जो संलग्न उड़ीसा में बड़ी संख्या में निवास करते हैं। इन जनजातियों के साथ ही अनेक दस्तकार जातियां

भी इस क्षेत्र में निवास करती हैं, जो आदिवासियों की आवश्यकता की वे सभी वस्तुएं बनाती हैं, जिन्हे आदिवासी स्वयं नहीं बनाते।

बस्तर जिले में अनेक भाषाएं (बोलियां) प्रचलित हैं, जिनमें छत्तीसगढ़ी, मुरिया गोंडी, डंडामी माड़िया गोंडी, भतरी, परजी, अबूझमाड़ी, दोरली तथा हल्बी प्रमुख हैं। यद्यपि गोंडी बोलने वाले लोगों की संख्या सवार्धिक है, परन्तु हल्बी बस्तर जिले में सर्वत्र बोली और समझी जाती है। अत: हल्बी भाषा को बस्तर की 'लिंग्वा फ्रैन्का' कहा जा सकता है। हल्बी भाषा आर्यभाषा परिवार की भाषा है, जिस पर मराठी और छत्तीसगढ़ी का व्यापक प्रभाव दिखाई पड़ता है। भतरी बोली भी हल्बी का ही एक स्वरूप है, जिस पर उड़िया भाषा का अधिक प्रभाव होने के परिणाम स्वरूप उसका एक पृथक रूप विकसित हो गया है।

इन्द्रावती नदी बस्तर जिले के बीचों बीच पूर्व से पश्चिम की ओर बहती हुई उसे दो खण्डों में विभाजित करती हुई, फिर दशिण की ओर मुड़कर महाराष्ट्र के साथ सीमा बनाते हुए गोदावरी नदी में मिल जाती है। बस्तर जिले के उत्तरी क्षेत्र में जो पुरानी कांकेर रियासत का क्षेत्र है वहां हल्बा तथा गोंड जाति के लोग निवास करते हैं। इन्द्रावती नदी के उत्तर पूर्व में भतरा तथा दक्षिण पूर्व में धुरवा अथवा परजा जनजातियाँ बसी हुई हैं। उत्तर पश्चिम बस्तर में मुरिया तथा सुदूर पश्चिम में अबूझमाड़िया जनजातियाँ रहती हैं। इन्द्रावती नदी के दक्षिण में डंडामी माड़िया जनजाति का निवास स्थल है, तथा सुदूर दक्षिण में दोरला जनजाति का। मोटे तौर पर यही बस्तर का जनजातीय भूगोल है।

बस्तर पर नल, नाग, गंग तथा काकतीय वंश के राजाओं ने भिन्न-भिन्न समय में राज किया है। यहां के अधिकांश आदिवासी पूर्व द्रविड़ माने जा सकते हैं और गोंडी को पूर्व द्रविड़ भाषा माना जा सकता है। प्राचीन काल में इस भौगोलिक क्षेत्र को ही दण्डकारण्य कहा जाता था।

बस्तर की सभी जनजातियों में अत्यंत आकर्षक नृत्य विद्यमान हैं। यहाँ की बोलियों में लोक साहित्य का भी पर्याप्त विकास हुआ है। गोंडी भाषा का यद्यपि कोई संपूर्ण कोष तो अब तक तैयार नहीं हुआ है, परन्तु उसमें अभिव्यक्ति हेतु पर्यात शब्दावली विद्यमान है। यहां के आदिवासियों की वाचिक परम्परा में लोक कथाएं, लोकगीत, मुहावरे, कहावतें, गाथाएं तथा पहेलियां आदि सभी विधाओं

का पर्याप्त विकास हुआ है। वाचिक परम्परा में सुरक्षित साहित्य का अध्ययन करने पर इस बात का सहज ही आभास हो जाता है कि ये भोले भाले सरल प्रकृति वाले आदिवासी बहुत ही समझदार, खुश मिजाज, भावप्रवण एवं हाजिर जवाब लोग हैं। मुझे अनेक बार इन लोगों के साथ रहने का अवसर मिला है। मैंने मुरिया जनों को विशेष रूप से निरन्तर बातचीत करते हुए पाया है। दरअसल बतियाना इनके लिए मनोरंजन के साथ ही साथ दुनियादारी की जानकारीप्राप्त करने एवं प्रशिक्षण का भी महत्वपूर्ण साधन है। डंडामी माड़िया मुरियों की तुलना में अल्पभाषी एवं आत्म केन्द्रिय होते हैं।

मुरिया जनजाति में भी दो वर्ग विद्यमान हैं - राजामुरिया और घोटुल मुरिया। राजामुरिया जिले के सदर मुकाम जगदलपुर के आसपास बसे हुए मुरिया जनजाति के वे लोग हैं जो राजकाज के अधिक समीप और हिन्दु प्रभाव में आ गए हैं। इन लोगों में घोटुल पृथा का पूर्ण रूप से लोप हो चुका है। घोटुल मुरिया वे लोग हैं, जिनमें अत्यंत आदिम अवस्था की 1किशोर गृह2 संस्था आज भी विद्यमान है। नारायणपुर और कोण्डागांव क्षेत्र की मुरिया जनजाति में तो किशोर किशोरियों के सह किशोरगृह विद्यमान हैं, जहां अविवाहित किशोर और किशोरियाँ एक ही किशोरगृह में जाकर रात्रि शयन करते हैं। ये किशोर गृह ही मुरिया जनजाति की सामाजिक एवं सांस्कृतिक संरचना के केन्द्र हैं, जिनके माध्यम से ही पारंपरिक एवं सामुदायिक ज्ञान भावी पीढ़ी को प्राप्त होता है। सामाजिक परम्पराओं का ज्ञान, वाचिक परम्परा द्वारा सामाजिक प्रशिक्षण, नृत्य-गायन तथा मनोरंजन एवं सामाजिक उत्तरदायित्व का बोध इन्ही किशोर गृहों के माध्यम से युवक-युवतियों को प्रदान किया जाता है।

ये किशोर गृह यहां घोटुल कहलाते हैं, और पारंपरिक सामाजिक शिक्षण का कार्य इन्ही के माध्यम से सम्पन्न किया जाता है। 'माओपाटा' नृत्य नाट्य का विकास मुरिया जनजाति में ही हुआ है। मुरिया जनजाति अत्यंत सौंदर्यप्रिय, जीवन्त एवं उदात्त तथा जीवन के प्रति अत्यंत स्वस्थ्य दृष्टिकोण रखने वाली जनजाति है।

घोटुल मुरिया जाति के युवक एवं युवतियां अपना श्रृंगार अत्यंत सुरूचिपूर्ण ढंग से करते हैं। वे अपने श्रृंगार के प्रति अत्यंत सजग रहते हैं और अपने अत्यंत

सीमित साधनों में भी सुरूचि पूर्वक बन-सँवर कर रहते हैं। कांच के मोतियों और बारीक पोत की सुंदर मालाएं गूंथ कर धारण करते हैं, जिनमें हरे, गुलाबी एवं लाल रंग की ऊन के फुंदरे, फूलों की भांति लटकते रहते हैं। युवक युवतियां दोनों ही लम्बे बाल रखते हैं और आकर्षक सुरूचिपूर्ण केश विन्यास करते हैं। युवतियां अपने बालो को एक ओर कान के ऊपर समेटकर बांध कर टेढ़ा जूड़ा बनाती हैं जैसा केश विन्यास उड़ीसा क्षेत्र में भी प्रचलित है। कुछ युवक अपने लम्बे बालों को पीछे की ओर जूड़े के रूप में बांधते हैं तो कुछ उन्हे खुला रखकर ऊपर से पगड़ी बांधते हैं। युवक एवं युवतियां दोनों ही आभूषणें के शौकीन होते हैं, और कांसे, पीतल, कौड़ी, कांच की पोत तथा चांदी के आभूषण धारण करते हैं। मुरिया जन सामान्य रूप से सफेद वस्त्र ही पहनते हैं, परन्तु नृत्य के अवसर पर वे अपने कौड़ी, कांच की पोत तथा कांसे और चांदी के आभूषणों से मेल खाते हुए रंगीन वस्त्र धारण करना पसंद करते हैं। नृत्य के अवसर पर मुरिया युवक भृंगराज पक्षी के पंखों से बनाई गई कलगी धारण करते हैं। भृंगराज के पंखों को जंगली सुअर के दोनों दांतों को मिलाकर दी गयी चन्द्राकार आकृति में मोरपंख के ऊपर के सफेद तंतु से गूंथा जाता है, जिसके बीचों-बीच भृंगराज के बीस-तीस पंख खोंच कर कलगी बनाई जाती है। भृंगराज पक्षी अत्यंत ही दुर्लभ प्रजाति का पक्षी है, जिसकी पूंछ में मात्र दो ही पंख होते हैं। कलगी के लिए भृंगराज के पंख प्राप्त करने हेतु मुरिया युवक सुदूर अंचलों में कई दिनों की लम्बी-लम्बी यात्राएं करते हैं। आजकल बस्तर में एक जोड़ी पंखों का मूल्य दस रूपये से पन्द्रह रूपए तक है, फिर भी आसानी से ये पंख उपलब्ध नहीं होते।

घोटुल मुरिया जनजाति में कई प्रकार के नृत्य विद्यमान हैं जो अत्यंत मनोरम तथा लयात्मक हैं। 'माओपाटा' ऐसा ही एक नृत्य नाट्य है, जिसमें नाट्य के सभी तत्व विद्यमान हैं। नाट्य विद्या के विकास का यह एक अत्यंत ही आदिम स्वरूप है। नाट्यशास्त्री आदिम नृत्य में शिकार कथा के समावेश होने वाले बिन्दु से ही नाट्य का आरंभ होना स्वीकार करते हैं। जब आदिम मानव शैलाश्रयों में रहता था और अपनी आजीविका हेतु पूर्ण रूप से शिकार पर ही आश्रित था, तब वह आखेट पर जाने के पूर्व अपनी आस्था के अनुसार पराशक्तियों का नृत्य के द्वारा आव्हान किया करता था। वह कभी भयवश तो कभी आनंद विभोर हो किलकारियां

मारता था, तो कभी नृत्य करते हुए अपने धनुष बाण अथवा भालों को भूमि पर पटक-पटक कर पद संचालन करता था। किलकारियों तथा बुदबुदाहट से गान की तथा हथियारों को भूमि पर पटकने से उत्पन्न होने वाली ध्वनि से ताल की तथा पदसंचालन से नृत्य की उत्पत्ति हुई होगी, ऐसी नृतत्व शास्त्रियों की मान्यता है।

सामूहिक आखेट से सकुशल एवं सफलता पूर्वक वापस लौटने पर ये गुहा मानव अपने शैलाश्रयो में पहुँचकर उन पराशक्तियों के प्रति अपनी कृतज्ञता दर्शाने हेतु तथा आनंद प्रदर्शन हेतु पुनः नृत्य किया करते थे। इन नृत्यों में आखेट किए जाने का वृत्तांत भी समाहित होने लगता, जिसमें वे अपने कबीले के बच्चों तथा उन वृद्धों को नृत्य की चेष्टाओं द्वारा यह बताते थे कि उस आखेट में कौन-कौन सी महत्वपूर्ण घटनाएं घटित हुई, तथा उन्होने कैसी-कैसी विपत्तियों का सामना किया और अन्त में वन्य पशु का आखेट करने में सफल हो सके। नृत्य में आखेट करते समय के वृतांत तथा कथानक के समाविष्ट हो जाने पर इसी बिन्दु पर ही नाट्य का उद्भव हुआ होगा ऐसी शैल्डिन चेनी जैसे नाट्य शास्त्री की भी मान्यता है। कबीले के लोग नृत्य द्वारा किस प्रकार से अपनी पराशक्तियों का आव्हान करने के उपरांत आखेट पर रवाना हुए। मार्ग में उन्होने वन्य प्राणी को देखकर कैसे शोर मचाकर उसका हाँका किया। कैस उस वन्य पशु ने पलट कर आखेट दल के लोगों पर आक्रमण करके उनमें से कुछ लोगों को घायल कर दिया। शायद उनमें से एक-दो शिकारियों की उस वन्य प्राणी के आक्रमण से मृत्यु भी हो गई हो। कबीले के अन्य शिकारियों ने किस पृकार उस वन्य प्रणी पर अपने भालों और धनुष बाणों से आक्रमण कर उसे मार गिराया ... आदि। आखेट का यह संपूर्ण वृतांत नृत्य में अभिनय एवं आंगिक चेष्टाओं के माध्यम से सिलसिलेवार रूप में समाविष्ट कर गूंथा गया है।

आखेट से संबंधित इस प्रकार के नृत्य नाट्य विश्व की अनेक आदिम जातियों में पाये जाते हैं। उत्तर मिसौरी के रेड इंडियनों के बीच ऐसा ही एक नृत्य नाट्य विद्यमान है, जिसमें उस कबीले के लोग अपने देवताओं का नृत्य के माध्यम से आव्हान करते हुए उनसे इस हेतु प्रार्थना करते हैं कि वे पर्याप्त संख्या मं जंगली भैंसे भेजे, जिनका आखेट करके वे भरपूर मांस भक्षण कर सकें। ऐसे ही नृत्य-नाट्य

अफ्रीका की अनेक जनजातियों में भी पाए जाते हैं। भारत में भी नागाजाति में इस प्रकार के नृत्य मौजूद हैं। 'दी ड्रामा ऑफ सैवेज पीपुल' में लुमिस ह्वमेयर ने ऐसे ही एक नृत्य नाट्य का अत्यंत रोचक वर्णन प्रस्तुत किया है।

बस्तर की घोटुल मुरिया जनजाति में इसी प्रकार का एक नृत्य नाट्य विद्यमान है, जिसे 'माओपाटा' कहते हैं। गोंडी भाषा में माओं का अर्थ है गौर (बाइसन) तथा पाटा का अर्थ है नृत्य। इन दोनों शब्दों को मिलाकर 'माओपाटा' बना है, जिसमें गौर की आखेट कथा नृत्य एवं अभिनय द्वारा प्रस्तुत की जाती है। इस नृत्य नाट्य की प्रस्तुति में लगभग दो घंटे लग जाते हैं। प्रस्तुति के समय को परिस्थिति अनुसार बढ़ाया या घटाया जा सकता है। नारायणपुर क्षेत्र के देवगांव, रेबावंड, बींजली तथा गढ़बंगाल और छोटे डोंगर ग्रामों के लोगों ने मुझे बताया कि माओपाटा की प्रस्तुति वे लगातार कई घंटों तक कर सकते हैं।

बस्तर में फसल बोने के पूर्व तीन-तीन चार-चार गांवों के लोग सामूहिक आखेट पर निकलते हैं। इस सामूहिक अभियान को 'पारद' कहते हैं। वन्य प्राणियों से फसल की रक्षा हेतु प्राचीन काल में इस कथा का आरंभ हुआ होगा। गाँवों के असपास के सभी वन्य प्राणियों का आखेट कर अथवा उन्हे बहुत दूर तक जंगलों में खदेड़ कर फसल की सुरक्षा की व्यवस्था का यह उपाय कालान्तर में एक प्रथा बन गया जो वर्तमान समय में भी प्रचलित है। इस प्रथा का दूसरा कारण फसल बोने और फसल कटने के बीच के समय के लिए पर्याप्त खाद्य पदार्थ की व्यवस्था करना भी है। बस्तर में मांस को धूप में सुखाकर सुरक्षित कर काफी लम्बे समय तक उपयोग में लाने का प्रचलन है।

माओपाटा नृत्य नाट्य का आयोजन सामान्यत: घोटुल गुड़ी के प्रांगण में किया जाता है। वैसे तो माओपाटा किसी भी ऋतु में किया जा सकता है परन्तु अधिकतर पारद के दिनों में इस नृत्य नाट्य का आयोजन सामान्य रूप से किया जाता है। इस नृत्य में युवक एवं युवतियाँ दोनों ही सम्मिलित होते हैं, परन्तु दोनों के कार्यक्षेत्र पृथक-पृथक रूप से विभाजित हैं। मुरिया युवक गले में विशाल आकार के मांदर (ढोल) लटकाए हुए कतारबद्ध होकर नृत्य करते हुए ढोल बजाते हुए घोटुल प्रांगण में प्रवेश करते हैं। युवकों का एक दल मांदर (ढोल) बजाते हुए प्रवेश करता है, और दूसरा दल अपने अस्त्र-शस्त्रों के साथ प्रवेश करता है। इन

अस्त्र-शस्त्रों में धनुष बाण, भाले, टंगिये (कुल्हाड़ियां) आदि शस्त्र लिए हुए युवक मांदर की ताल पर नृत्य करते हुए अपने अस्त्र-शस्त्रों को हवा में उछाल-उछाल कर अपने शौर्य का प्रदर्शन करते हैं और बीच-बीच में किलकारियां भी भरते जाते हैं मानो कि वे हिंसक पशुओं को ललकार रहे हों या उनका हांका कर रहे हों। धीरे-धीरे नर्तक एवं वादक एक अर्धवृत्त या पूर्ण वृत्त बना लेते हैं। इस वृत्त के बीच में एक वादक अपने गले में कोटोड़की नामक वाद्य लटकाए हुए उसे लकड़ी के दो डंडों से बजाता जाता है। कोटोड़की काठ के एक पांच छैः इंच मोटे तथा लगभग दस इंच लम्बे और आठ इंच चौड़े टुकड़े को खोखला करके बनाई जाती है, जिसे ढप या ताशे की भांति बजाया जाता है। एक या दो युवक भैंस के सींगों अथवा उसी आकर की पीतल की बनी हुई तोड़ियों (तुरही) को बजाते जाते है। मांदर (ढोल) खमार की मोटी लकड़ी को पोला करके बनाएं जाते हैं, जिन पर बकरे की खाल मढ़ी जाती है। परन्तु गढ़ बेंगाल का घोटुल ही नारायणपुर क्षेत्र का ऐसा एक मात्र घोटुल है जहां के नर्तक पकाई हुई मिट्टी के डमरू आकार के ढोल प्रयोग में लाते हैं। ऐसे ढोल परई कहलाते हैं। मिट्टी की ये मांदरियां कुम्हार बनाते हैं, जिन पर चमड़ा मढ़ने का कार्य मोची करते हैं। ऐसी परईयाँ आकार में दो फुट लम्बी होती हैं और उनके खाल मढ़े हुए भाग का व्यास लगभग सवा फुट होता है। परई भी रस्सी बांधकर गले से लटकाकर बांस की खपच्चियों द्वारा बजाई जाती है।

नृत्य का आरंभ मांदर धारण किए हुए युवकों के साथ होता है, जो मांदर बजाते हुए और तीव्रगति से नृत्य करते हुए प्रांगण में प्रवेश करते हैं। इन मांदर वादकों की संख्या उस ग्राम के घोटुल के युवकों की संख्या पर निर्भर करती है परन्तु इनकी संख्या छैः वादकों से कम होने पर नृत्य कमजोर प्रतीत होने लगता है। जितने अधिक वादक एवं नर्तक होंगे प्रस्तुति उतनी ही अधिक सशक्त होगी। ध्यान रहे कि माओपाटा का कथानक सामूहिक आखेट अभियान पर केन्द्रित एक नृत्य नाट्य है, अतः उसमें पर्याप्त संख्या में नर्तकों के सम्मिलित हुए बिना उसका प्रभाव क्षीण होने लगता है।

घोटुल के प्रांगण में ही युवतियां एक दूसरा वृत्त बनाकर नृत्य करते हुए आखेट पर जाने वाले युवकों की कुशल क्षेम की कामना करते हुए गीत गाती हैं।

युवक नृत्य करते हुए अनेक रूपाकारों की रचना करते हैं मानों वे जंगल को चारों ओर से घेर रहे हों। घोटुल के ये युवक 'चेलिक' कहलाते हैं। आखेट पर निकले हुए युवकों के वृत्त की संरचना होने के उपरांत युवतियां नृत्य करते हुए एक पृथक वृत्त का निर्माण करती हैं। घोटुल की ये युवतियां 'मोटियारी' कहलाती हैं। ये युवतियां अपने देवी देवताओं का आव्हान करके उनसे प्रार्थना करती हैं कि आखेट पर जाने वाले शिकारी अपने अभियान में सफलता प्राप्त कर सकुशल घर वापस आ जायें। इन भावनाओं की अभिव्यक्ति कुछ हद तक तो गीतों के माध्यम से प्रकट होती है और कुछ अभिनय एवं आंगिक चेष्टाओं के माध्यम से। ये मोटियारी नृत्य करते समय चांदी तथा कांच की पोत के बने आभूषण धारण करती हैं तथा कौड़ियों के लच्छे जूड़ों में गूंथती हैं, जो चांदनी रातों में अपनी चमक-दमक के साथ ही नृत्य को अत्यंत आकर्षक बना देते हैं। मोटियारी अपने केश विन्यास में काष्ठ की बनी हुई अनेक कंघियाँ भी खोंस लेती हैं, जिन्हे उनके प्रेमी युवक स्वयं बनाकर उन्हें भेंट करते हैं। जिस युवती के केश विन्यास में जितनी अधिक कंघियाँ होती हैं उसके प्रशंसकों की संख्या भी उतनी ही अधिक होती है। इन कंघियों को मोटियारी बड़े गर्व के साथ अपने केश विन्यास में धारण करती हैं।

नृत्य के बीच में ही मोटियारी नृत्य से अलग होकर घोटुल के प्रांगण में ही एक ओर बैठ जाती हैं, मानों कि उन्होने आखेट पर जाने वाले युवकों को बिदा कर दिया हो। युवक वृत्ताकार में नृत्य करते हुए एकाएक खुशी से किलकारियां भरने लगते हैं, जो इस बात का संकेत है कि उन्हें कोई बढ़िया वन्य पशु दिखाई पड़ गया है। तभी जंगल में से एक गौर (बाइसन) प्रगट होता है, दो युवक मिलकर गौर बनते हैं जो एक काले कंबल को ओढ़े होते हैं और सामने वाले युवक के चेहरे पर सींगो वाला मुखौटा होता है, जो कम्बल के साथ सिला हुआ होता है। ऐसे कम्बल भेड़ की ऊन से इसी क्षेत्र के बनुकर बनाते हैं। गौर के मुखौटे का श्रृंगार कौड़ियों की लच्छियों द्वारा किया जाता है।

गौर गर्व पूर्वक चारों ओर देखते हुए झूमते हुए मस्ती भरी चाल से निर्भिकता पूर्वक प्रांगण में विचरण करता है। गौर को देखकर शिकारी आनंद विभोर होकर किलकारियां भरने लगते है। उत्साहवश शिकारी अपने मांदर जोर-जोर से बजाने लगते हैं और उनकी नृत्य की गति भी उसके साथ-साथ तीव्र होती जाती है। नृत्य

की गति एवं चेष्टाओं द्वारा नर्तक यह दर्शाते हुए प्रतीत होते हैं मानों वे उस गौर को घेर रहे हों। गौर खतरे को भांप कर एक ओर मुड़कर उस ओर से आते हुए शिकारियों को अपने सींगों से टक्कर मारकर आहत करता हुआ जंगल की ओर भाग जाता है। अन्य शिकारी भी अपने उन साथियों के पास पहुँच जाते हैं, जिन्हें उस गौर ने टक्कर मार कर भूमि पर पटक दिया था। वे उन दोनों आहत शिकारियों को उठाकर अपने गांव के सिरहा (ओझा) के पास ले जाते हैं।

उन दोनों शिकारियों को अन्य शिकारी आंगादेव की गुड़ी (ग्रामीण मंदिर) के समक्ष लिटा देते हैं। सिरहा उन्हें देखकर आंगादेव का आव्हान करते हुए कुछ शब्दों का उच्चारण करता है, और बड़बड़ाने लगता है। तभी सिरहा के अंग में आंगादेव प्रकट होते हैं, और वह आंगादेव को अपने कंघों पर धारण करके गुड़ी के सामने नृत्य करने लगता है। कभी-कभी शिकारी दल के किसी सदस्य के अंग में आंगादेव प्रकट हो जाते हैं और वह भी सिरहा के संग भाव विभोर होकर नृत्य करने लगता है। सिरहा में आंगा के प्रकट होने पर वह आंगा को अपने कंधो पर धारण किए हुए तीव्रगति से नृत्य करने लगता है और उसके साथ-साथ शिकारीदल के अन्य लोग भी नाचने लगते है। वह नृत्य करते समय विचित्र आचरण करने लगता है, और कभी-कभी।

अध्याय-14

बस्तर का भतरा नाट

बस्तर के बाहर के लोगों को शायद ही यह ज्ञात हो कि बस्तर में परंपरागत लोकनाट्य की कोई विधा भी विद्यमान है। जगदलपुर के प्रबुद्धजन भी या तो इस बात से अनभिज्ञ हैं, या उन्हे सिर्फ इतना मालूम है कि नाट नामक कोई नाट्य शैली बस्तर में है तो अवश्य। पर वे उसके विषय में विशेष कुछ नहीं जानते। कुछ लोगों ने दशहरा पर्व पर नाट प्रदर्शन करते हुए भतरा आदिवासियों को देखा है, किन्तु उनकी उसमें विशेष रूचि न होने के कारण अधिक जानने का प्रयत्न ही नहीं किया।

मैं सन् 1962 में दशहरा पर्व पर जगदलपुर में था। उस वर्ष स्वर्गीय प्रवीरचन्द्र भंजदेव, जो बस्तर रियासत के भूतपूर्व महाराजा थे, का विवाह संपन्न हुआ था। आदिवासियों में उक्त कारण से बहुत अधिक उत्साह एवं उल्लास था। परंपरा के अनुरूप महाराजा रियासत की कुलदेवी के प्रमुख पुजारी होते हैं, अत: वे अपनी नवविवाहिता महारानी के साथ रथ पर आसीन होकर दशहरा उत्सव के कार्यक्रम में सम्मिलित होने वाले थे। जगदलपुर नगर में उस दिन अप्रत्याशित भीड़ थी। बस्तर रियासत के लगभग सभी क्षेत्रों के आदिवासी दशहरा पर्व में सम्मिलित होने हेतु, अपनी परंपरागत वेष-भूषा में नृत्य समूहों के साथ वहां आए थे। दन्तेश्वरी माता के रथ के सामने-सामने विभिन्न नर्तक दल अपने-अपने परंपरागत जातीय नृत्य प्रस्तुत करते हुए चल रहे थे। इन्ही नर्तक-दलों के बीच मुझे एक नया ही नृत्य दिखाई पड़ा, जिसे मैंने इसके पूर्व कभी भी नहीं देखा था। यह नृत्य दरअसल नाट्य अधिक प्रतीत हो रहा था। मैंने उस समूह के लोगों से पूछा तो सिर्फ इतना ही जान पाया कि उस नृत्य नाट्य स्वरूप का नाम 'भतरा नाट' था।

इससे अधिक उस समय कुछ भी ज्ञात नहीं हो सका। जगदलपुर के मेरे मित्रों ने भी इतनी ही जानकारी दी कि भतरा जनजाति के लोग नाटक करते हैं, जिसे बस्तर के लोग नाट कहते हैं। बस्तर के नाट्य स्वरूप से इस तरह मेरा प्रथम परिचय हुआ।

सन् 1962 से 1965 तक के अपने बस्तर प्रवास में मुझे नाट देखने के कई अवसर प्राप्त हुए। जगदलपुर से जैपुर (उड़ीसा) आते-जाते रास्ते में पड़ने वाले गांवों में नाट देखने के कई अवसर हाथ लगे। कभी-कभी तो जगदलपुर के अत्यंत समीप के गांव में भी नाट के आयोजन देखने को मिले, किन्तु आश्चर्य इस बात पर होता था कि जगदलपुर में नाट का आयोजन होते हुए मैंने कभी नहीं पाया। सन् 1973 से सन् 1976 के बीच मुझे बस्तर प्रवास में पुनः नाट देखने के अवसर हाथ लगे। नाट का संपूर्ण क्षेत्र, उसका इतिहास, शैली तथा लोकजीवन में उसकी गहरी पैठ आदि पक्षों का अध्ययन करने का अवसर मुझे इसी प्रवास में मिला।

संस्कृत शब्द नाट्य का ही बिगड़ा हुआ स्वरूप नाट है। नाट में प्रस्तुत किये जाने वाले अधिकांश नाट्क पौराणिक कथानकों पर आधारित हैं। इन नाटकों के आलेखों या गुटकों को 'चम्पू' कहा जाता है। चम्पू भी संस्कृत भाषा से ही आया हुआ शब्द है। संस्कृत भाषा में पद्य एवं गद्य के मिले-जुले स्वरूप वाले लोकनाटक को चंपू कहा जाता है। बस्तर के आदिवासियों में पौराणिक नाटकों का प्रादुर्भाव क्यों कर संभव हुआ, इसका भी एक दिलचस्प पहलू है। इसके पहले मैं यहां यह स्पष्ट कर देना चाहता हूँ, कि बस्तर के आदिवासियों के नृत्यों में नाटकीय तत्व तो अनेक स्थानों पर मिलते हैं, किन्तु उनका उद्भव एवं विकास पूर्ण विकसित नट्य स्वरूप में नहीं हो पाया है। फसल काटने के बाद छेरछेरा पर्व पर युवक घर-घर जाकर अन्न एकत्रित करते हैं, तब वे काष्ठ व तूंबे के बने एक मुखौटे लगाकर अभिनय द्वारा हास्य एवं विनोद प्रस्तुत करते हैं। मुखौटों के अलावा युवक अपने चेहरों को रंगकर भालू के बालों की बनी दाढ़ी-मूंछे लगाकर भी अपनी तरह-तरह की भंगिमाओं द्वारा हास्य उत्पन्न करते हैं। खेलुक में भी गीत एवं नृत्य के साथ-साथ नाटकीय तत्वों का समावेश पाया जाता है। दंडामी माड़िया जनजाति के प्रसिद्ध गौर नृत्य में भी अभिनय के तत्व स्पष्ट दिखाई पड़ते हैं। मुरिया जनजाति

के माओपाटा नृत्य में भी पर्याप्त नाटकीय तत्व विद्यमान हैं। नाटकीय तत्वों के इन आरंभिक लक्षणों का विकास पूर्ण रूप से रंग विधा में नहीं हो सका। भतरा नाट संस्कृत एवं उड़िया लोक नाट्य का मध्ययुगीन स्वरूप है जो बस्तर में पहुँचकर वहां की जनजातियों के रंगों में रंग गया है।

बस्तर में नाट के पहुँचने का इतिहास भी बहुत ही दिलचस्प है लगभग साढ़े पांच सौ वर्ष पूर्व बस्तर रियासत के महाराज पुरूषोत्तम देव (1407-1439) जगन्नाथपुरी की यात्रा पर गये थे। इस यात्रा में उनके अनुचरों के अतिरिक्त उनके बहुत से प्रजाजन भी तीर्थयात्रा हेतु गये थे। जगन्नाथपुरी की रथयात्रा का पर्व संपूर्ण ारत में प्राचीनकाल से ही अत्यंत महत्वपूर्ण एवं प्रसिद्ध रहा है। जगन्नाथ प्रभु के रथ को उड़ीसा की शबर जाति के लोग खींचते हैं। इस अवसर पर संपूर्ण उड़ीसा की जनजातियों के लोग रथ यात्रा में सम्मिलित होते हैं। उल्लासपूर्वक नाचते-गाते हुए विभिन्न समुदायों के लोग अपने परंपरागत कलारूपों को प्रस्तुत करते हैं। यह परंपरा प्राचीनकाल से चली आ रही है। महाराजा पुरूषोत्तम देव एवं उनके साथ गये अनुचरों एवं प्रजाजनों के मानस पटल पर जगन्नाथपुरी की रथयात्रा का गहरा प्रभाव पड़ा। गजपति ने बस्तर के महाराजा से प्रसन्न होकर उन्हे सोलह पहियों के रथ को अपने राज्य में ले जाने की अनुमति प्रदान की। उस काल में इतने विशाल रथ को पुरी से बस्तर लाना संभव नहीं था, अत: राजा पुरूषोत्तमदेव उड़ीसा से भगवान जगन्नाथ की काष्ठ-निर्मित प्रतिमाएं ही अपने साथ लेकर आये। बस्तर की सड़कें या रास्ते उस युग में इतने चौड़े या अच्छे नहीं थे कि उन पर सोलह पहियों का रथ चल सके, अत: दो छै: - छै:, और एक चार पहियों के, तीन रथ बनवाये गये। एक दंतेश्वरी माता हेतु, एक जगन्नाथजी हेतु एवं एक अन्य देवी-देवताओं एवं पुजारी हेतु। यही परंपरा बस्तर में आज तक चली आ रही है।

महाराज अपने साथ जगन्नाथपुरी से उत्कल के कुछ ब्राह्मण परिवार को भी साथ ले आये थे तथा इन परिवारों को जीवकोपार्जन हेतु दान में भूमि तथा धन प्रदान कर उन्हे बस्तर में ही बसा लिया था। केसरपाल से प्राप्त एक शिलालेख से भी इस बात की पुष्टि होती है, जिसमें उत्कल के धारिया ब्राह्मण परिवारों को भूमि दान किये जाने का उल्लेख किया गया है। इन्ही ब्राह्मणों ने महाराजा के

साथ पुरी यात्रा पर गये अनुचरों एवं प्रजाजनों को हिन्दू धर्म में सम्मिलित कर उन्हे जनेऊ प्रदान किया। तभी से ये आदिवासी भद्र कहलाने लगे जो शब्द बिगड़ते-बिगड़ते भतरा हो गया। इन्ही भतरा जनजाति के लोगों में नाट का स्वरूप प्रचलित है।

नाट का संगठन :

बस्तर में नाट, उड़ीसा की सीमा से लगे हुए क्षेत्र जगदलपुर, बकावंड एवं भानपुरी-केसरपाल में ही प्रचलित है। इसी क्षेत्र में भतरा जाति के लोग निवास करते हैं। किसी गांव के नवयुवकों में जब नाट का संगठन बनाने की अभिलाषा जागृत होती है, तब वे अपनी इच्छा को गांव के प्रमुख एवं वयोवृद्ध व्यक्तियों के सम्मुख व्यक्त करते हैं। गांव के प्रमुख व्यक्तियों की पंचायत बैठती है, जिसमें नाट संगठन करने के विभिन्न पहलुओं पर विचार किया जाता है। गांव में नवयुवकों की संख्या से लेकर उस पर होने वाले खर्च का अनुमान तथा उसकी व्यवस्था आदि बातों का आंकलन किया जाता है। आजकल नाट की आरंभिक तैयारी पर आठ-दस हजार रूपयों का खर्च आता है। यदि पंचायत का आकलन इस परिणाम पर पहुँचता है कि इतने धन की व्यवस्था हो सकेगी व गांव के युवक नाट को लम्बे समय तक चला सकेंगे, तो निर्णय नाट को संगठित करने के पक्ष में लिया जाता है। नाट हेतु गांव के सभी लोग अपनी स्थिति के अनुरूप नगद धन व धान-चांवल आदि चंदे के रूप में देते हैं। धान-चावल को बेचकर भी नगद धन एकत्रित किया जाता है। जब कुछ धन एकत्रित हो जाता है, तब आस-पास के गांव के किसी प्रसिद्ध नाट-गुरू को इस हेतु आमन्त्रित कर पांच सौ रूपये तक पारिश्रमिक एवं भोजन आदि प्रदान किया जाता है। नाट का प्रशिक्षण आरंभ होता है तथा इच्छुक नवयुवक उसमें सम्मिलित होते हैं। एक गांव के लोग एक ही नाटक करते हैं तथा उसका चुनाव गांव के प्रमुख व्यक्तियों की सलाह पर किया जाता है। नाट में केवल पुरूष कला़कार ही हिस्सा लेते हैं, तथा स्त्री पात्रों का अभिनय भी युवक ही करते हैं। आमतौर पर एक नाट-मंडली में पच्चीस से चालीस की संख्या में कलाकारों की आवश्यकता होती है।

नाट का प्रशिक्षण लगभग तीन से चार सप्ताह तक चलता है, जिसमें नाट-गुरू भाव-भंगिमाएं, अभिनय, वेष-भूषा, श्रृंगार, नृत्य तथा संगीत आदि सभी विषयों में कलाकारों को प्रशिक्षण देते हैं। प्रशिक्षण पूर्ण होने पर गांव के प्रमुख लोगों के साथ नाटगुरू वेषभूषा व श्रृंगार तथा साज आदि खरीदने हेतु जयपुर (उड़ीसा), जगदलपुर या जगन्नाथपुरी तक की यात्रा करते हैं। पुरी की नाट्य सामग्री व मुखौटे श्रेष्ठ माने जाते हैं। जगदलपुर की अधिकांश नाट्य सामग्री मथुरा की बनी हुई होती है। सामग्री क्रय होने पर नाट की प्रथम प्रस्तुति नाटगुरू की देखरेख में कलाकारों के अपने ही गांव में की जाती है। उस प्रस्तुति की कमियों आदि का विवेचन, दर्शकों की प्रतिक्रियाओं को ध्यान में रखकर किया जाता है, तथा उनको धीरे-धीरे भविष्य में होने वाली प्रस्तुतियों में सुधारा जाता है। इस तरह हम देखते हैं कि बस्तर का नाट एक लोकतांत्रिक एवं धर्म-निरपेक्ष रंगमंच है जिसका निर्माण पूर्ण रूप से जनभावनाओं एवं निर्णयों पर आधारित होता है। नाट की प्रथम प्रस्तुति के पश्चात आसपास के गांवों में यह समाचार फैल जाता है कि अमुक गांव में अमुक (कथानाक) नाट है। उन्हे निमंत्रण मिलने लगते हैं, और नाट की प्रस्तुतियां होने लगती है। नाट का रंगमंच, रंग स्वरूप एवं नाट प्रस्तुतियाँ, गांव के खुले प्रांगण में आयोजित किये जाते हैं। मंच भूमि से लगभग दस इंच ऊंचा लकड़ी के तख्तों से बनाया जाता है। दोनों पार्श्वों पर चार-चार या छैः-छैः बल्लयाँ गाड़कर ऊपर चंदोवा तान दिया जाता है। दो बल्लियों पर दोनों ओर गैस की लालटेनें प्रकाश हेतु लटकाई जाती है। मंच के पीछे की ओर नाटगुरू, गायक तथा वादक मंडली के साथ बैठते हैं। मंच के चारों ओर दर्शक बैठते हैं। मंच के समीप बच्चे, व उनके पीछे स्त्रियां और फिर पुरूष। बैठने की व्यवस्था भूमि पर ही होती है। धान का पुआल संपूर्ण प्रांगण में फैला दिया जाता है, जिस पर दर्शक बैठते हैं। दर्शकों के सबसे पीछे वाली पंक्ति से कुछ दूरी पर चाय-पान, खोमचें व चने-मूर्रे आदि की दुकाने लगी होती हैं।

नाट के दर्शक जिन-जिन मार्गों से आते हैं, उन सभी मार्गों पर स्वागत द्वार बनाएं जाते हें। इन स्वागत द्वारों को आम के पत्तों से सजाया जाता है। संपूर्ण मार्ग आम के पत्तों की बन्दनवारों से सजाए जाते हैं। गांव के ही व्यक्ति संपूर्ण व्यवस्था करते हैं तथा कानून एवं व्यवस्था की कोई स्थिति आमतौर पर पैदा नहीं होती।

यदि कभी कुछ छोटी-मोटी घटना हुई भी तो उसे गांव के ही स्वयंसेवक संभाल लेते हैं, यद्यपि समीप के पुलिस थाने के एक-दो सिपाही वहां उपस्थिति अवश्य रहते हैं। नाट का आरंभ रात्रि के साढ़े नौ दस बजे आरंभ होता है, और सुबह तक चलता है।

नाट का आरंभ पूर्व रंग से होता है। सर्वप्रथम गणेश-वंदना होती है। मुखौटा लगाए गणेश जी मंच पर आते हैं और मंच के बीचों बीच खड़े हो जाते हैं। नाटगुरू गणेश-वंदना में सम्मिलित हो जाते हैं। गणेशजी से नाटगुरू एवं नट-नटी प्रार्थना करते हैं कि वे विघ्नकर्ताओं से नाट के आयोजन की रक्षा कर आयोजन को निर्विघ्न संपन्न होने का आशीर्वाद प्रदान करें। गणेश जी आशीर्वाद प्रदान करते हैं। नट-नटी उन्हे वापस पहुँचाकर आते हैं। इसी प्रकार से सरस्वती वंदना करने के उपरांत उनसे भी आशीर्वाद प्राप्त किया जाता है। नाट के आयोजन के निर्विघ्न संपन्न होने का आशीर्वाद प्रदान करने के बाद नट-नटी उन्हें भी पहुँचाकर आते हैं।

गणेश एवं सरस्वती वंदनों के उपरांत नट-नटी का पुनः मंच पर पदार्पण होता है। नटी पूछती है कि आज यहां इतने लेग क्यों एकत्रित हुए हैं ? नट बताता है कि आज यहां नाट का आयोजन प्रस्तावित है, उसे देखने के लिए ही ये लोग एकत्रित हुए हैं। आज कौन सा नाट प्रस्तुत किया जाएगा ? नटी पूछती है। नट एक नाटक का नाम लेता, नटी नृत्य एवं अभिनय करते हुए उस नाटक के गुण-दोषों का विवेचन करते हुए उस नाटक को अस्वीकार कर देती है। नट इसी प्रकार एक-एक कर कई नाटकों को प्रस्तावित करता है किन्तु नटी उन सभी नाटकों के गुण-दोषों का विवेचन करते हुए उन्हे अस्वीकार कर देती है। अंत में नट खीज कर कहता है कि तुम ही कोई नाटक बताओं। नटी श्रेष्ठ नाटक के गुणों की व्याख्या करते हुए कहती है कि नट उन गुणों के अनुरूप कोई नाटक प्रदर्शित करें। नटी के संकेत को समझते हुए नट रावण वध नाट की प्रस्तावना के साथ ही नाट आरंभ हो जाता है। नट-नटी के प्रस्तावना-प्रसंग में लगभग पौन घंटे का समय लग जाता है।

नाट के पात्रों की वेषभूषा उड़ीसा में प्रचलित पौराणिक नाटकों के सदृश्य ही होती है। साटिन एवं मखमल के चमकदार वस्त्रों पर जरी व गोटे की कढ़ाई का काम किया होता है। गले में कांच के मणियों की मालाएं, भुजबंद, कमर में

कमर पट्टा आदि पहने योद्धाओं को प्रस्तुत किया जाता है। राक्षसों, वानरों को, हनुमान एवं जामवंत आदि पात्रों को कागज की लुग्दी के बने मुखौटों में प्रस्तुत किया जाता है। कभी-कभी हनुमान को बिना मुखौटे के गहरे लाल रंग से चेहरा रंग कर प्रस्तुत किया जाता है। श्रृंगार में परंपरागत प्रसाधनों का ही प्रयोग होता है। हल्दी, आल्ता, लाल, हरे व काले रंगों का प्रयोग पात्रों के चरित्र के अनुरूप किया जाता है। सतोगुणी पात्रों के चेहरों पर पीले या लाल रंग का लेप किया जाता है, जबकि खल व दुर्गुण वाले पात्रों के चेहरों को हरे, नीले या काले रंगों से रंगा जाता है। रंगों में अभ्रक का चूर्ण मिला कर रंगों का लेप चेहरे पर किया जाता है।

पात्रों के प्रवेश हेतु लगभग दस-पंद्रह फुट चौड़ा गलियारा छोड़ा जाता है। पात्रों के श्रृंगार हेतु लगभग डेढ़ दो सौ गज दूरी पर किसी मकान पर या किसी स्थान को बांस के टट्टों से घेर कर व्यवस्था की जाती है। पात्र दर्शकों के बीच से प्रवेश करते हैं। दरअसल पात्रों के प्रवेश हेतु छोड़ा गया गलियारा भी रंग-प्रस्तुति हेतु मंच की भांति ही काम में आता है। पात्रों का इस स्थान से नृत्य करते हुए या, तलवार घुमाते हुए या अपने प्रतिद्वंदी को ललकारते हुए प्रवेश होता है। सद्गुणी पात्रों का प्रवेश मध्यम स्वर पर मृदंग के संगीत के साथ होता है, जबकि खल पात्रों का या योद्धाओं का प्रवेश नगाड़ों की ऊंची ध्वनि के साथ तीव्र गति से होता है।

अध्याय-15

पंडवानी

पंडवानी छत्तीसगढ़ का एक अत्यधिक ख्याति प्राप्त एकल नाट्य स्वरूप है। पंडवानी शब्द की व्युत्पत्ति पांडववाणी शब्द से हुई है, जिसका अर्थ है पांडव कथा। महाभारत और रामायण हमारे देश के दो ऐसे महाकाव्य हैं जिन्होने न केवल भारत में वरन् संपूर्ण दषिण पूर्व एशिया में अनेक कला रूपों को प्रभावित किया है। अनेक कलारूपों के सृजन में इन दो आख्यानों की प्रेरणा का महत्वपूर्ण योगदान रहा है। महाभारत को ग्रंथ के रूप में पांचवे वेद के रूप में मान्यता प्रदान की गई है। इसी बात से भारत में महाभारत का महत्व स्पष्ट हो जाता है।

हमारे देश में शिक्षा पर ब्राह्मणों का अधिकार रहा है। बाह्मणेत्तर जातियों में क्षत्री जाति के लोगों का कर्म आक्रमण कारियों से राष्ट्र की रक्षा करना व युद्ध करना रहा है, वैश्यों का कर्म कृषि एवं व्यवसाय करके धन उत्पन्न करके राष्ट्र को आर्थिक रूप से सुदृढ़ करना तथा शूद्रों का कार्य श्रम द्वारा दस्तकारियों और सेवाकार्य को अंजाम देना रहा है। क्षत्री एवं वैश्य जाति के लोग अपने कार्य के लिए आवश्यक शिक्षा दीक्षा ब्राह्मणों से प्राप्त करते थे। सेवा कार्य करने वालों के लिए शिक्षा की आवश्यकता ही नही समझी जाती थी। शुद्र एवं अनत्यज शिक्षा से पूर्णत: दूर रखे गये थे, वेद, पुराण एवं अन्य धार्मिक ग्रन्थों के पठन पर ब्राह्मणों का लगभग एकाधिकार था।

कागज के आविष्कार के पूर्व वेद एवं अनेक धार्मिक ग्रंथ प्राचीन काल में भोजपत्तों एवं ताड़ पत्तों पर ही लिखे जाते थे अत: ऐसे ग्रंथों की संख्या अत्यंत सीमित थी। पोथियों की उपलब्धता सहज नहीं होने के कारण ग्रंथों को रट कर उन्हे स्मृतियों में संजाकर रखने की प्रथा प्रचलित थी। इसी कारण प्राचीन ग्रंथों

को स्मृतियाँ कहा जाने लगा, क्योंकि उनके लिखित स्वरूप बहुत लम्बे काल में उपलब्ध ही नहीं थे, और यदि वे थे भी तो कुछ थोड़े से लोगों के पास ही रहे होंगे।

कालांतर में श्रम एवं सेवा कार्य करने वाले शूद्रों को भारतीय समाज में न केवल पढ़ने लिखने से बहिष्कृत कर दिया गया वरन् इतने कठोर नियम बना दिये गये कि उनका वेद एवं अन्य धार्मिक ग्रंथों का श्रवण करना तक बंद कर दिया गया। संभवत: ऐसे ही कठोर नियमों के कारण लोक में शास्त्रों के समानान्तर महाकाव्यों की एक सहज एवं सरल शैली प्रचलन में आ गई होगी जिसमें महाकाव्यों की कथा मोटे तौर पर लोक गायकों ने अपना कर उन्हे अपनी बुद्धि एवं कौशल से नये रूपों में रचा होगा। संपूर्ण भारत में महाभारत और रामायण की ऐसी अनेक शैलियाँ एवं ऐसे अनेक रूप लोक में प्रचलित हैं। महाभारत एवं रामायण की यो लोक शैलियाँ शास्त्रों के समानांतर विकसित हुई हैं जिनका विकास ब्राह्मणेत्तर जातियों ने किया है। धर्मशास्त्रों पर ब्राह्मणों का एकाधिकार था, वे ही धर्मग्रंथ का पठन-पाठन करते थे, वे ही उनका परायण व प्रवचन करते थे। अन्य द्विज जाति के लोग इन ब्राह्मण प्रवचन कारों से धर्मग्रंथों का परायण व प्रवचन सुन सकते थे, परन्तु प्रवचन का अधिकार केवल ब्राह्मणों को ही प्राप्त था।

अत: शास्त्रीय धारा के समानांतर शास्त्रों की लोकशैली का विकास ब्राह्मणेत्तर जाति के लोक कलाकारों और कवियों ने किया जो शास्त्रों के अध्ययन, परायण एवं श्रवण से वंचित थे। महाभारत की कथा पर आधारित कुछ प्रचलित लोक शैलियों में मेवात में प्रचलित पाण्डू का कड़ा मध्यप्रदेश के गोंडवाना क्षेत्र की गोंड एवं अन्य जनजातियों में प्रचलित पंडवानी आंध्रप्रदेश में प्रचलित 'बुर्राकथा' तथा आंध्र एवं कर्नाटक में प्रचलित 'हरीकथा' का यहाँ उल्लेख करना प्रासंगिक होगा। महाभारत कथा की ये सभी लोक शैलियाँ ब्राह्मण एवं द्विजेत्तर जातियों में ही प्रचलित हैं। पंडवानी मध्यप्रदेश की गोंड जनजाति के भाट 'परधान' जाति के गायकों द्वारा गाई जाती है। परधानों ने ही रामायण के लोकरूप रामायणी की भी रचना की है। परधान जनों ने गोंड जनजाति के मिथकों इतिहास पुरूषों एवं सामाजिक मान्यताओं पर आधारित गोंडवानी एवं करमसैनी काव्यों की रचना भी

की है। पंडवानी दो खंडों में, एवं गोंडवानी एवं रामायणी को संकलन एवं दस्तावेजीकरण का महत्वपूर्ण कार्य मध्यप्रदेश के आदिमजाति अनुसंधान एवं प्रशिक्षण संस्था छिंदवाड़ा ने स्वर्गीय श्री गुलाब शेख के द्वारा करवाया था। इन ग्रंथों का संपादन ठाकुर भाई नायक ने किया था। करमसैनी या करमानी का संकलन नहीं हो सका और अब लोक का वह महाकाव्य लुप्तप्राय हो चुका है। यहाँ परधानों के विषय में कुछ जानकारी प्रस्तुत करना भी उचित होगा।

'परधान' एक छोटी सी आदिम जाति के लोग हैं, जो पिछले कुछ दशकों में तीव्रता से हिंदू संस्कृति के संपर्क में आए हैं और हिंदू संस्कृति का बहुत कुछ उन्होने अनाया है। परधान गोंड आदिमजाति की ही एक शाखा है, पर उनकी संख्या गोंडों की केवल चार प्रतिशत है। सतपुड़ा के प्रदेश में तथा मुख्यत: नर्मदा के कछार में उनका मुख्य निवास है। वैसे मध्य तथा उत्तरी मध्यप्रदेश तक यत्रतत्र उनका फैलाव है। उनका प्रथम विधिवत अध्ययन श्री श्यामराव हिवाले द्वारा किया गया था जो 'The Pardhans of the Upper Narbada & Valley' के नाम से सन् 1934 में प्रकाशित हुआ। इस ग्रंथ की भूमिका में डॉ. वेरियव एल्विन ने लिखा है, 'परधान' गोंडजाति का अनुज है, और इस प्रकार वृहद गोंड कुटुम्ब में उसका विशेष स्थान है ... परधान ने सदा गोंड राजाओं की प्रशस्ति के ही गीत गाये हैं, और इस तरह गोंडों के गौरव पूर्ण अतीत की याद ताजा रखी है। परधान एक प्रकार से गोंडों के चारण कवि कहे जा सकते हैं।

परधान पंडवानी की कथा मूलरूप से महाभारत की कथा पर आधारित है परंतु इस काव्य में परधान गायकों ने अनेक गोंड मिथकों एवं मान्यताओं का कुशलतापूर्वक समावेश किया है। महाभारत के सभी प्रमुख पात्र पंडवानी में भी विद्यमान हैं परंतु चरित्र चित्रण पर गोंड नायकों के गुणों एवं लक्षणों का प्रभाव भी स्पष्ट रूप से दिखाई पड़ता है। महाभारत की कथा का प्रमुख नायक जहाँ अर्जुन है वहाँ पंडवानी की गाथा का प्रमुख नायक भीम है। वह सभी पात्रों से कहीं अधिक शक्तिशाली है और अपनी शक्ति एवं विलक्षणता के जरिये पाण्डवों पर आने वाले सभी संकटों का समाधान निकाल पाने में सफल होता है। पाण्डवों की माता कुंती को माता कोतमा और कौरवों की माता गांधारी को गंधारिन के रूप में सम्बोधित किया गया है। महाभारत में कौरव एक सौ भाई बतलाये गए हैं परन्तु

पंडवानी में उनको इक्कीस भाई बतलाया गया है। पंडवानी की कथा के क्षेत्र का वर्णन तथा घटनाएँ इस प्रकार से दर्शाई गई हैं मानों कि वे सब गोंड में ही घटित हुई हों।

पांडवों के निवास स्थान को जैता नगरी कहा गया है और कौरवों की नगरी को हसना नगरी। हसना नगरी हस्तिनापुर का ही अपभ्रंश है। दोनों ही लोगों को पशुपालक दर्शाया गया है जो रोज सुबह उठकर अपने पशुओं को चराने हेतु कजली वन ले जाते हैं। कजली वन का विस्तार समुद्र तट तक है। उनके पशुओं में आठ लाख गाएं, नौ लाख बकरियां और अनगिनत हाथी हैं जिन्हे वे चराने ले जाते हैं। कौरव भाईयों का व्यवहार पांडव भाईयों के प्रति विद्वेषपूर्ण है और वे खेल-खेल में अर्जुन को अनेक प्रकार से सताते हैं। अर्जुन की दशा देखकर भीम पशुओं को चराने की जिम्मेदारी अपने उपर लेकर कौरव भाईयों को सबक सिखाने का निश्चय करता है और यहीं से कथा में भीम के चरित्र का विकास आरंभ होता है।

कौरव भीम से डंडा डहोरी के खेल में पराजित हो जाते हैं फिर वे षडयंत्र करके भीम को पानी डुबकी खेल के लिए बुलाते हैं और भीम को विष युक्त भोजन कलेवा करवा कर उसे समुद्र में डुबों देते हैं। भीम पाताल लोक में पहुँच जाता है जहाँ संत वासु की नाग की कन्या सतजोगना उसे अपने पिता के अमृत कुंड से अमृत लाकर जीवित कर लेती है। वह देवी से भीम को अपने पति के रूप में वरदान मांगती है और दोनों का विवाह वहीं पाताल लोक में हो जाता है। भीम को अपनी माता एवं भाईयों की याद सताने लगती है तब सतजोगना उसे पाताल लोक से समुद्र सतह पर पहुँचा देती है। भीम अपनी माता और भाईयों से मिलकर अत्यधिक प्रसन्न होता है और उन्हे कौरवों की करतूत बताता है तथा वासु नाग की कन्या के साथ अपने विवाह आदि घटनाओं का वर्णन करता है।

कौरव फिर लाखा महल में बुलाकर पाण्डवों की षडयंत्र पूर्वक हत्या करना चाहते हैं तब भीम अपने गजादंड और बुसऐन ठेंगा से भूमि पर प्रहार कर पाताल लोक तक मार्ग बनाता है और अपनी माता व भाईयों के साथ सब सुरक्षित बच निकलते हैं और आजीविका की तलाश में नगर वैराट के लिए चल पड़ते हैं। इसी बीच एक स्वयंवर में अर्जुन का विवाह द्रौपदी से हो जाता है। वैराट नगरी में भीम

कीचक का वध करता है। वैराट नगर के राजा का नाम पंडवानी में संगराम सिंह बतलाया गया है। संक्षेप में परधान पंडवानी की कथा का यहाँ वर्णन करने का अभिप्राय यह है कि महाभारत की शास्त्रोक्त कथा का लोक में किस प्रकार से स्थानीय लोक तत्वों को उसमें समाविष्ट कर परिवर्तन हो रहा है। महाभारत के युद्ध को इस लोक काव्य में 'महाधान' की लड़ाई कहा गया है।

महाधान की लड़ई के प्रसंग में द्रौपदी का चरित्र स्थानीय गोंड जनजाति की सामान्य स्त्रियों के अनुरूप ही प्रकट हुआ है, द्रौपदी सोचती है कि इस युद्ध में सर्व शक्ति सम्पन्न इक्कीस कौरव बंधुओं से साधन हीन पांडव नहीं जीत पायेंगे तो क्यो न पांडवों को विष देकर उनकी हत्या करके कौरवों को अपना लिया जावें। सभी पांडवों की विषैला भोजन करने पर मृत्यु हो गई और द्रौपदी उन्हे उसी हालत में छोड़कर एक घड़े में हल्दी घोलकर अपने सिरप पर रख हसनापुर के लिए रवाना हो गई। उसने इक्कीस कौरव भाईयों पर हल्दीवाला पानी डाल दिया और वह उन सबकी पत्नि बन गई। उधर माता कोतमा ने अयोध्या जाकर अपने भाई रामचंद्र जी को संपूर्ण हाल बतलाया तब उन्होने अमृत छिड़क कर तथा बेल के डंडे को सुंघाकर सभी पांडव भाईयों को जीवित किया। भीम द्रौपदी को लेने के लिए चल पड़ा। उसका उग्र रूप देखकर पांडव भयभीत हो गये तथा द्रौपदी ने उनसे कहा कि तुम निश्चिंत रहो, भीम से में निपट लूंगी। द्रौपदी ने देवी का रूप धारण किया और अपने खप्पर को प्रज्वलित किया जिसकी अग्नि से सर्वत्र आग लग गई। द्रौपदी की जीभ नौ कोस लम्बी बाहर निकल आई और वह एक हाथ में खप्पर एवं दूसरे हाथ में कृपाण लेकर भीम को मारने के लिए अग्रसर हुई। आगे कथा में जादू मंत्र टोन्हा टोटका आदि का प्रयोग दोनों ओर से युद्ध में होता है। मंत्र विद्ध द्रौपदी सभी पांडव बंधुओं का भक्षण करना चाहती थी। भीम ने अपनी छिंगुली अंगुली काटकर द्रौपदी के खप्पर में चढ़ा दी, तब कहीं जाकर द्रौपदी शांत हुई और तब उसका भाव बदल गया। इसके पश्चात उसने कहा अब मैं पंडवन को बचाऊंगी, कँवरन को खाऊंगी। संपूर्ण कथा गोंड जनजाति में प्रचलित विश्वास एवं सामाजिक मान्यताओं से प्रभावित है। गोंड जाति की प्रथा, धार्मिक विश्वास, जादू टोन्हा से, ओतप्रोत महाभात कथा का यह गोंड स्वरूप ही पंडवानी है।

संपूर्ण छत्तीसगढ़ में सर्वत्र ही गोंड जनजाति के लोग निवास करते हैं। परधान

गायक धान की फसल कटने पर अपने जजमानों के यहाँ जा जाकर पंडवानी, गोंडवानी रामायनी आदि गाथाएँ उन्हे सुनाते थे । वे अपनी सारंगी पर गाथाएँ सुनाते थे और गोंड जन उन्हे उपहार स्वरूप अन्न वस्त्र एवं नकद धन प्रदान करते थे। इस प्रकार से गोंड जाति के लोक महाकाव्य संपूर्ण गोंडवाना क्षेत्र में फैल गये। गोंड बैगा भूमिया जातियों के सम्मिश्रण से बनी हुई एक जाति है देवार । यूँ तो बैगा जनजाति है परंतु बैगा एक प्रकार का कार्य भी है। बैगा ग्राम देवी या देवता के पुजारी को कहते हैं जो झाड़ फूंक और जड़ी बूटियों के द्वारा व्याधियों का उपचार भी करता है । इस कार्य को करने वाला व्यक्ति बैगा, या गोंड या अन्य किसी भी जाति का व्यक्ति हो सकता है । मंडला क्षेत्र में बैगा और भूमिया जो ग्राम पुजारी होते हैं वे अपने आपको बैगा कहने के बदले देवार कहना अधिक पसंद करते हैं। स्टीफन फुक्स के मतानुसार भूमिया यद्यपि बैगा जनजाति का ही एक उपवर्ग है परंतु वे जनगणना में अपने आपको बैगा न लिखकर भूमिया अथवा देवार लिखवाना पसंद करते हैं ... भूमिया बैगाजनों की ही एक अन्य उपजाति बिंझवार बैगा से तो विवाह संबंध स्थापित करना स्वीकार कर लेते हैं। परंतु वे बैगा से न तो विवाह ही करते हैं और न ही उनके साथ खान-पान का संबंध रखते हैं। देवारों की उत्पत्ति के बारे में उपरोक्त मानव शास्त्रीय तथ्यों के अध्ययन से यह बात स्पष्ट हो जाती है कि देवारों का मूल स्थान मंडला क्षेत्र ही है। देवार गायक भी पंडवानी, गोंडवानी और रामायणी महाकाव्य को अपनी सारंगी पर गाते हैं। यद्यपि उनकी सारंगी परधानों की सारंगी से कुछ भिन्न होती है। ऐसा प्रतीत होता है कि देवार जाति के लोग किसी विपत्ति या संकट के कारण मंडला क्षेत्र से रतनपुर राज्य की ओर पलायन कर गये और उन्होने घुमंतु जीवन अपना कर वे छत्तीसगढ़ में फैल गये। इसके प्रमाण में उनके द्वारा गाई जाने वाली रतनपुर के राजा कल्याण साय की गाथा है जिसमें गोपाल राय बिंझिया नामक मल्ल के शौर्य का प्रभावशाली वर्णन किया गया है । इस प्रकार से हम देखते हैं कि परधानों ने और देवारों ने पंडवानी लोक काव्य को संपूर्ण छत्तीसगढ़ में फैलाया ।

वर्तमान समय में एकल नाट्य के रूप में प्रचलित पंडवानी परधान एवं देवार पंडवानी का विकसित रूप नहीं है, वरन् वह महाभारत की ही एक शैली है जिसे ब्राह्मणेत्तर जाति के कथाकारों एवं कीर्तनियों ने विकसित किया है। आंध्रप्रदेश के

वैष्णव भक्तों के द्वारा मथुरा वृंदावन के यात्रा पथ पर छत्तीसगढ़ स्थित है। वहाँ के भक्तों के संपर्क स्वरूप बुर्राकथा की शैली में इन छत्तीसगढ़ के प्रवचनकारों एवं कलाकारों ने महाभारत की अपनी एक मौलिक शैली का विकास किया। बुर्रा कथा में महाभारत की कथा प्रस्तुत की जाती है। इस शैली में गायक तंबूरा हाथ में लेकर उसकी सहायता से अभिनय करते हुए गद्य व पद्य में महाभारत की कथा को प्रस्तुत करते हैं। तंबूरा हाथों में लेकर कथा प्रस्तुत करने के कारण यह शैली तंबूरा कथा कहलाने लगी। कालांतर में तंबूरा से त लुप्त हो गया और बुर्रा रह गया और इस शैली का नाम बुर्रा कथा पड़ गया।

वर्तमान छत्तीसगढ़ी पंडवानी में भी पंडवानी गायक गायिकाएँ तंबूरे को हाथों में लेकर उसकी सहायता से अभिनय करते हुए कथा प्रस्तुत करते हैं। पूर्व में प्रस्तुतकर्ता सुखासन या वीरासन में ऊँचे तख्त पर बैठकर पंडवानी का गायन करते थे। जिस आसन पर वे बैठते हैं उसे व्यास गद्दी कहा जाता है, जिससे यह बात स्पष्ट हो जाती है कि ये लोग कथा वाचक हैं। कालांतर में कुछ कलाकारों ने अभिनस के साथ आंगिक चेष्टाओं को अधिक महत्व देते हुए खड़े होकर मंच पर घूमते-फिरते हुए महाभारत प्रस्तुत करना प्रारंभ किया और इस प्रकार महाभारत की वर्तमान शैली का विकास हुआ।

कहने को तो पंडवानी की दो शैलियाँ विद्यमान हैं - एक कापालिक और दूसरी वेदमती। कापालिक शैली से तात्पर्य उस शैली से है जिसका कोई पाठ नहीं है, जो गायकों की स्मृति अथवा कपाल में विद्यमान है। यह 'कापालिक शैली' ही परधानों एवं देवारों द्वारा प्रस्तुत की जाने वाली पंडवानी है। इस लोक महाकाव्य में गोंड जाति के अनेक मिथकों, लोकचारों एवं गोंडों की सामाजिक मान्यताओं का आवरण महाभारत की कथा पर चढ़ा हुआ है, जैसा कि इस आलेख के आरंभ में दर्शाया गया है। पंडवानी की दूसरी शैली 'बेदमती' कहलाती है जिसका अर्थ है शास्त्र पर आधारित शैली। पंडवानी गायक खड़ी भाषा में पद्यरूप में रचित सबल सिंह चौहान के महाभारत को इस शैली का आधार बनाते हैं। वास्तव में सबलसिंह चौहान ग्रंथ पर आधारित शैली को पंडवानी न कहकर महाभारत की ही

एक शैली कहा जाना चाहिए। चूँकि पंडवानी का छत्तीसगढ़ में प्रचार-प्रसार ब्राह्मणेत्तर 'परधान' एवं देवार गायकों ने पूर्व में ही स्थापित कर दिया था, इसलिए बाद में विकसित हुई वेदमती शैली के बाह्मणेत्तर जाति के कलाकारों ने उसी रूढ़ नाम से अपनी शैली को अपना लिया, उसके कारण वे ब्राह्मण एवं अन्य द्विज जाति के लोगों के इस आरोप से भी बचे रहे कि वे अनाधिकृत रूप से महाभारत का प्रवचन करते हैं और दूसरी ओर इन्हे पंडवानी नाम की लोकप्रियता का भी लाभ प्राप्त हुआ। वर्तमान समय में महाभारत की यह दूसरी शैली ही वेदमती शैली के नाम से अधिक प्रचलित है।

पंडवानी वेदमती शैली का प्रारंभ बीसवीं शताब्दि के आरंभिक काल से अधिक प्राचीन नहीं है। श्री झाडूराम देवांगन जो वेदमती शैली के श्रेष्ठतम गायकों में से एक हैं, का कहना है कि इस शैली का विकास उनके द्वारा ही किया गया है। यह बात पूर्णत: सत्य नहीं है, क्योंकि उन्होने भी पंडवानी गायन अपने पिता से सीखा है। झाडू राम जी के पहले भी इस शैली के अनेक गायक छत्तीसगढ़ में मौजूद थे। झाडू राम जी एक अत्यंत प्रतिभाशाली कलाकार हैं। उनका अभिनय अत्यंत सूक्ष्मता के साथ भावों को प्रकट करता है। उनकी आंगिक चेष्टाएं भी बहुत प्रभावशाली हैं। उन्होने अपनी प्रतिभा एवं अभिनय कौशल के माध्यम से निश्चित ही वेदमति शैली को बहुत समृद्ध किया है। महाभारत के शांति पर्व को प्रस्तुत करने वाले नि:संदेह वे सर्वश्रेष्ठ कलाकार हैं। अन्य पुरूष कलाकारों में झाडूराम के अनेक शिष्य गायन में सक्रिय हैं। पुनाराम निषाद को उनकी आंगिक चेष्टाओं के कारण इस क्षेत्र में बहुत ख्याति मिली है। चेतन, रेवाराम गंजीर आदि कलाकारों का भी इस शैली के विकास में महत्वपूर्ण योगदान है।

वेदमती शैली को महिला कलाकारों ने भी अत्यधिक ऊँचे स्तर पर स्थापित किया है। लक्ष्मी बाई पंडवानी गायन करती हुई भक्ति विभोर हो जाती

अध्याय-16

नाचा : छत्तीसगढ़ का एक प्रमुख लोक नाट्य स्वरूप

भारतवर्ष के मध्यवर्ती क्षेत्र में अनेक लोकनाट्य स्वरूप विद्यमान है। नाट्य का उद्भव यहां के अत्यंत आदिम कबीलों में भी हुआ है। बस्तर के माड़िया-गोंडों का गौर नृत्य अत्यंत भव्य होता है, जिसे वे गौर के सिंगों से निर्मित मुकुट को धारण करके प्रस्तुत करते हैं। इस नृत्य में अत्यंत सूक्ष्म अभिनय एवं मुद्राएं कौशलपूर्ण ढंग से गूंथी गई हैं। घोटुल मुरिया जनजाति का 'माओपाटा' अपने आप में पूर्ण विकसित एक नृत्य नाट्य है। छेर-छेरा और नकटा-नकटी प्रहसन भी हास्य नाट्य प्रस्तुतियाँ ही मानी जायेगी। बस्तर का परम्पराशील नाट्य भतरा नाट भतरा जनजाति में व्यापक रूप से प्रचलित है।

छत्तीसगढ़ के मैदानी क्षेत्र में दो पूर्ण विकसित नाट्य स्वरूप विद्यमान है : एक रहस और दूसरा नाचा। रहस भगवान कृष्ण के बाल्य स्वरूप पर केन्द्रित एक परम्पराशील नाट्य विधा है। छत्तीसगढ़ का दूसरा नाट्य स्वरूप नाचा एक सर्वजातीय रंग विधा है। जिसका उद्भव एवं विकास ग्रामीण समाज में हुआ है तथा उसमें अनेक परम्परागत विधाओं ने सम्मिलित होकर उसे संभव किया है। रहस रासलीला का छत्तीसगढ़ी नाट्य संस्करण है और नाचा गम्मत, नौटंकी, स्वांग आदि नाट्य स्वरूपों की तरह ही ग्रामीण संस्कारों में विकसित एक नाट्य स्वरूप है। यहाँ यह स्पष्ट कर देना उचित होगा कि नाचा का उद्भव और विकास सर्वथा भिन्न परम्पराओं एवं परिवेश में हुआ है और वे सांगीत परम्परा से उद्भूत रंग स्वरूपों स्वांग, नौटंकी, ख्याल और माच आदि से सर्वथा भिन्न है। नाचा का पूर्ण रूप से ग्रामीण परिवेश में विकास हुआ है जबकि उपरोक्त लिखित नाट्य विधाएं ग्रामीण एवं शहरी दोनों के मिले-जुले योगदान द्वारा

विकसित हुई हैं। नाचा के विकास में नागरजनों का योगदान नगण्य ही कहा जाएगा।

नाचा का एक पूर्व विकसित नाट्य स्वरूप के रूप में विकास बहुत प्राचीन नहीं है। मराठों के इस क्षेत्र पर आधिपत्य स्थापित करने के पश्चात यहां नाट्य विधा का उद्भव हुआ। बिंबाजीराव भोंसले ने उड़ीसा पर आक्रमण करते समय मार्ग में पड़ने वाली कलचुरि रियासत रतनपुर पर भी विजय प्राप्त कर ली और परिणामस्वरूप छत्तीसगढ़ क्षेत्र पर अपना आधिपत्य स्थापित कर लिया। इस क्षेत्र में मराठों ने बिलासपुर एवं रायपुर में अपने प्रशासनिक अधिकारी नियुक्त किये। मराठा सरदारों एवं उनके ब्राह्मण अमीनों को मालगुजारियाँ प्रदान की गई। उन्नीसवीं शताब्दि के प्रारम्भ में मराठों एवं महाराष्ट्रीयन ब्राह्मणों का एक बड़ी संख्या छत्तीसगढ़ में आकर बस गई। आक्रमणकारी मराठा सेना के साथ उनके मनोरंजन करने वाले विविध समुदाय जिनमें नाचने गाने वाले कलाकार एवं हास्य, गम्मत जैसे प्रहसन करने वाले लोग सम्मिलित थे।

गम्मत शब्द का मराठी में अर्थ हास्य-विनोद'के रूप में किया जाता है। मराठों की सेना में ये गम्मतिये सेना के अफसरों एवं सैनिकों का मनोरंजन हास्य एवं नृत्य प्रधान प्रहसनों द्वारा किया करते थे। इन कलाकारों में नृत्य प्रदर्शन लड़कियाँ करती थी, जबकि गम्मत (नाट्य) की प्रस्तुति पुरूष कलाकारों द्वारा की जाती थी। इस तरह से आरंभ में गम्मत एवं कालान्तर में इसी स्वरूप का विकास तमाशा के रूप में मराठा राज्य में हुआ। गम्मत में स्त्री पात्र की प्रस्तुति भी पुरूष कलाकारों द्वारा अभिनीत की जाती थी, जो स्त्रियों के वस्त्र धारण कर स्त्रियोचित हाव-भाव प्रस्तुत करते थे। गम्मत का यह पात्र 'नाच्या' कहलाता था। छत्तीसगढ़ी नाचा का विकास भी गम्मत से ही हुआ और गम्मत के इस 'नाच्या' पात्र के आधार पर ही छत्तीसगढ़ी गम्मत के विकसित नाट्य स्वरूप का नामकरण 'नाचा' के रूप में पड़ा। नाचा में गम्मत का स्थान आज भी अत्यंत महत्वपूर्ण है, जिसकी प्रस्तुति नाट्य के बीच-बीच में हास्य-प्रहसन के रूप में की जाती है, तो कभी प्रमुख नाट्य को आगे बढ़ाने एवं अगले दृश्य तैयारी हेतु कलाकारों को समय उपलब्ध कराने हेतु। ऐसा प्रतीत होता है कि नाचा का आरंभिक स्वरूप भी गम्मत ही रहा होगा, जो कालान्तर में नाचा के रूप में एक पूर्ण विकसित नाट्य विधा के रूप में हुआ होगा।

नाचा नाट्य स्वरूप को विकसित करने में गाण्डा जाति के संगीतकारों ने भी अहम भूमिका निभायी है, गाण्डा जाति छत्तीसगढ़ की एक पिछड़ी जाति है जो ग्रामीण क्षेत्र में शादी-विवाह एवं अन्य उत्सवों के अवसरों पर ग्रामीण संगीत बैण्ड के रूप में काम करती है। लगभग आज से 20-25 वर्ष पूर्व तक छत्तीसगढ़ के ग्रामीण अंचलों में बरातें, चार-चार, पांच-पांच दिन ठहरा करती थी एवं सम्पूर्ण विवाह सम्पन्न होने में 8-10 दिन लग जाते थे। ऐसे अवसरों पर गाण्डा जाति के ये संगीतकार भी बरातों के साथ ठहरते थे, तथा विश्राम के समय बरातियों के मनोरंजन हेतु गम्मत प्रस्तुत किया करते थे। इन बैण्ड-पार्टियों में एक व्यक्ति ढपड़ा, एक या दो व्यक्ति निशान (नंगाड़े), एक व्यक्ति मोहरी बजाने वाला तथा एक व्यक्ति टिमकी वादक होता था। इस बैंड मंडली में एक या दो नचकार भी हुआ करते थे। ये नचकार सदैव ही पुरूष कलाकार होते हैं जो स्त्रीवेश धारण कर नृत्य एवं स्त्रियोचित भाव भंगिमाएं प्रस्तुत करते हैं। गाण्डा जाति की इन बैण्ड मंडलियों का उपरोक्त स्वरूप आज भी यथावत छत्तीसगढ़ के ग्रामीण अंचल में विद्यमान है।

इन विवाहोत्सव में बरातियों के पास काफी खाली समय होता है, और ग्रामीण परिवेश की शुष्कता में यह स्वाभाविक ही है कि किसी गांव में लगातार कई दिनों तक ठहरने पर ऊब महसूस हो, ऐसी स्थिति में ये नचकार अपने हास्य प्रधान अभिनय एवं नृत्यों के माध्यम से इन बरातियों का मनोरंजन करते हैं। ये नचकार वर एवं वधू परिवार के प्रमुख व्यक्तियों की नकल उतारने में बड़े माहिर होते हैं। इन नकलों में अतिरंजना एवं हाव-भाव में अश्लीलता का पुट भी भारतीय ग्रामीण परिवेश में कोई अटपटी बात नहीं मानी जाती। नचकार सामान्यत: स्त्रियों की भाव-भंगिमाओं की अतिरंजिस प्रस्तुतियाँ दिखाकर लोगों का मनोरंजन करते हैं। इस तरह की प्रस्तुतियों के लिए उन्हे ग्रामीणों से पुरस्कार व बक्सीस भी मिलती है। यह परम्परा अत्यंत पुरानी है तथा वर्तमान में भी ग्रामीण क्षेत्र की शादियों में प्रचलित है। यदि किसी बैण्ड पार्टी में दो नचकार होते हैं तो उनमें से एक पुरूष एवं दूसरा स्त्री का वेश धारण कर प्रहसन करते हैं। इस तरह की प्रस्तुतियों में नकल, चेहरे के हाव-भाव तथा ग्रामीणोचित जबरदस्त हास्य प्रस्तुति करते हैं। नाचा के आरंभिक विकास में इन गाण्डा नर्तकों ने एक महत्वपूर्ण

भूमिका निभायी है और इन नचकारों एवं बजैयूयों ने नाचा को अपने योगदान से समृद्ध किया है।

नाचा का संगठन अत्यंत सरल है। नाचा में रूचि रखने वाला कोई भी व्यक्ति अपनी पहल पर ऐसे कुछ ग्रामीणों को जिनकी रूचि प्रस्तुतियों में हो, जुटाकर एक मंडली का गठन कर लेता है। इनमें से कुछ लोग वाद्य एवं संगीत में निपुण होते हैं और कुछ लोग अभिनय में। कुछ ऐसे कलाकार होते हैं जो नाट्य के सभी अंगों पर समान अधिकार रखते हैं। ऐसा संयोजक ही मंडली के बन जाने पर उसका मुखिया बन जाता है। मंडली के गठन पर होने वाले आरंभिक खर्च हेतु ये कलाकार आपस में ही धन एकत्रित कर लेते हैं और कुछ धन ग्रामीणों से सहयोग के रूप में मिल जाता है।

नाट्य की प्रस्तुतियों का ढंग एवं शैली अत्यंत सरल होती है। मंडली के सभी कलाकार एक साथ बैठ जाते हैं तथा कोई ऐसा विषय नाट्य हेतु उठा लेते हैं जो सामाजिक बुराई के रूप में उन्हे ज्वलंत प्रतीत होता हो। वे तुरन्त उस विषय पर कार्य आरंभ कर देते हैं। नाचा के इन नाटाकों का न तो कोई लिखित आलेख होता है और न ही नाट्य विद्या के अनुसार अलग-अलग दृश्य एवं कलाकारों के सम्वाद। यह सब कार्य वे अपने नाट्य कौशल के जरिये अत्यंत कम समय में और बिना किसी कठिनाई के विकसित कर लेते हैं। प्रत्येक नाट्य प्रस्तुति में नाट्य के विभिन्न आयाम परिपक्व होते जाते हैं और एक सशक्त एवं सुगठित नाटक तैयार हो जाता है। प्रत्येक प्रस्तुति में समयानुकूल रद्दोबदल चलता रहता है और यही कारण है कि नाचा में एक ही खेल की प्रस्तुतियाँ सदैव कुछ परिवर्तन लिये हुए होती हैं। नाचा मूलत: एक हास्य प्रधान नाट्य विधा है जिसमें ग्रामीण कलाकार अपनी तात्कालिक समस्याओं, सामाजिक बुराईयों एवं सामाजिक विसंगतियों पर कटाक्ष करते हैं। आरंभ में स्त्री एवं पुरूष दोनों ही पात्रों का अभिनय पुरूष कलाकारों द्वारा प्रस्तुत किया जाता था। आज भी अनेक गम्मत मंडलियों में यह परंपरा कायम है। लगभग तीस वर्षों पूर्व से कुछ लड़कियों ने भी नाचा में काम करना शुरू किया था। और स्त्री पात्रों के अभिनय हेतु विशेषकर नृत्य प्रस्तुतियों हेतु कुछ स्त्री कलाकार नाचा में सम्मिलित हुई और उससे नाचा में एक नया आयाम जुड़ा।

बीसवीं शताब्दि के आरंभिक वर्षों में चूंकि नाचा मनोरंजन का एक महत्वपूर्ण साधन बन चुका था, इसलिए कुछ मालगुजार इस नाट्य विद्या की ओर आकर्षित हुए। छत्तीसगढ़ के ग्रामीण अंचल के ये सम्पन्न मालगुजार अपने यहां शादी-विवाह, पुत्र जन्म आदि उत्सवों पर देवार युवतियों को नृत्य प्रस्तुति हेतु बुलाते थे। इन नर्तकियों को गांव के मेले मड़ाई में भी आमंत्रित किया जाता था।

इन मालगुजारों में भी बड़े जमीदारों एवं राजा-महाराजाओं की ह्रासोन्मुख प्रवृत्तियाँ परिलक्षित होने लगी थीं। कुछ सम्पन्न मालगुजार जमींदारों की नकल कर लखनऊ, बनारस एवं कलकत्ते से मुजरा करने के लिए रंडियों को बुलाने लगे थे। जो लोग बाहर से इन नाचने वाली लड़कियों को नहीं बुला पाते थे, वे इस काम के लिए देवार जाति की लड़कियों को आमंत्रित करते थे। गरीबी के कारण आर्थिक रूप से विपन्न देवार जाति की ये लड़कियाँ भी बाहर से नाचने आने वाली लड़कियों की शैली पर मुजरा करने लगी थी। इस तरह से देवार लड़कियों एवं मालगुजारों में एक सम्बन्ध स्थापित हो गया था। जब कुछ प्रबुद्ध मालगुजारों की रूचि नाचा की ओर आकर्षित हुई तब उन लोगों ने इन देवार कन्याओं को नाट्य में सम्मिलित होने के लिए प्रेरित किया।

नाचा अपने-आप में एक सम्पूर्ण नाट्य शैली है जबकि गम्मत उसका एक हास्य-प्रधान प्रहसन स्वरूप, जो नाचा का पूरक है। भारतवर्ष के सभी लोक-नाट्यों में नृत्य एवं हास्य-प्रहसनों का प्रयोग प्रमुख नाट्य की ऊब एवं एकरसता को भंग करने के लिए किया जाता है। इसके साथ ही इस तरह के प्रहसनों का प्रयोग दृश्य परिवर्तन एवं नाट्य के प्रमुख कलाकारों को अगले अंक की तैयारी हेतु किया जाता है। नाचा में भी इस तरह का रस परिवर्तन दो प्रकार के प्रयोगों द्वारा अपनाया जाता है : एक पूर्णत: हास्यपूर्ण गम्मत का प्रदर्शन करके और दूसरा जोक्कड़-परी की प्रसतुततियों के माध्यम से। गम्मतों का कथानक भोले-भाले ग्रामीणों के अज्ञान एवं दुनियादारी के प्रति उनके दहकानीपन को लेकर नाट्य रूप में विकसित किया जाता है। इस तरह के छोटे-छोटे प्रहसनों में उन ग्रामीणजनों पर भी कटाक्ष किया जाता है जो भोले-भाले ग्रामीणों को धत्ता बताकर नागरजनों के साथ जुड़ जाते हैं, ऐसे लोग दोनों ही समाजों में उपहास के पात्र बन जाते हैं, क्योंकि वे ग्रामीणों से तो विमुख हो जाते हैं और नागर समाज उन्हे आसानी से

अपने बीच आत्मसात नहीं करता। इन गम्मतों के माध्यम से ग्रामीण कलाकार अपने दैनिंदिन जीवन की विसंगतियों एवं समस्याओं पर सहज हास्य एवं व्यंग्यपूर्ण कटाक्ष एवं टिप्पणियां करते चलते हैं। किसी अन्य व्यक्ति पर हंसना एक सामान्य बात है, किन्तु स्वयँ अपना उपहास करने में बड़े साहस की आवश्यकता होती है। अपनी आर्थिक रूप से विपन्न एवं कठोर परिस्थितियों में भी भारतीय ग्रामीण जन अपने सूक्ष्म हास्य बोध के कारण अपने पर भी हंसने में सक्षम हैं। यही कारण है कि भारतीय ग्रामीण तमाम विपरीत परिस्थितियों के बीच भी दृढ़तापूर्वक डटा हुआ है।

जोक्कड़ परी की प्रस्तुतियों में एक सुन्दर युवक को परी के रूप में प्रस्तु किया जाता है। नाचा में परी की अवधारण परिकथाओं की परी से सर्वथा भिन्न है, जिनमें परियों को अलौकिक दुनिया की सुन्दर स्त्रियों के रूप में दर्शाया जाता है, और जिनके पंख होते हैं, जिनकी सहायता से वे उड़कर एक लोक से दूसरे लोक में यात्रा करती हैं। यहाँ परी एक सुन्दर, सुमुखी एवँ मानवीय गुणों की प्रतीक है। यहां यह बात ध्यान देने योग्य है कि यद्यपि नाचा में स्त्री पात्रों का अभिनय स्त्रियां भी करने लगी हैं, लेकिन जोक्कड़ परी प्रसंग में परी लड़का ही बनता है।

जोक्कड़ बहुधा संख्या में दो होते हैं और वे अपने हाथों में जलती हुई मशालें लेकर मंच पर प्रवेश करते हैं। उनके पीछे-पीछे संगतकार वादकगण मंच पर प्रवेश करते हैं और मंच के बांयी ओर के कोने पर स्थान ग्रहण करते हैं। यहां यह भी स्पष्ट कर देना यथोचित् होगा कि नाचा का जोक्कड़ सर्कस के जोकर या अंग्रेजी नाटक के 'क्लाउन' अथवा संस्कृत-नाट्य के विदूषक के सदृश्य नहीं है। नाचा का जोक्कड़ मनोरंजक प्रस्तुतियाँ तो करता ही है, परन्तु साथ ही वह स्वयं नृत्य एवं गान में दक्ष होता है और हास्य एवं विनोद से सराबोर एक अत्यंत जीवन्त चरित्र का प्रतीक बना रहता है। वह परी से इतने सहज और भोलेपन से बाते करता है कि प्रेक्षक उसके हर संवाद पर ठहाका लगाते हैं। परी प्रेक्षकों के बीच से प्रवेश करती है और उसका श्रृंगार अत्यंत सुरूचिपूर्ण रूप से किया जाता है और उसकी उपस्थिति अत्यंत आकर्षक बनी रहती है। वह सिर पर सदैव एक कांसे का लोटा लिए हुए प्रस्तुत होती है और उसकी प्रत्येक चाल-ढाल व बातचीत नजाकत से भरी होती है। जोक्कड़ और परी की भोली-भाली अदाएं एवं दहकानी ग्रामीण

संवाद लगातार हास्य की सृष्टि करते हैं और नाट्य में विलक्षण स्थितियाँ उत्पन्न होती हैं। ठीक ऐसी ही स्थिति उत्पन्न होने पर दर्शक वृन्द एक ओर ठहाकों मे डूब जाता है और दूसरी ओर तुरंत दोनों जोक्कड़ मशालों को हाथ में लिए हुए नृत्य करने लगते हैं। परी भी लोटे को एक हाथ से संभालते हुए तेज गति से नाचने लगती है। आजकल अनेक गांवों में बिजली की रोशनी उपलब्ध हो गयी है, और जहां बिजली नहीं पहुँची है वहां भी मशालों की जगह गैसबत्ती उपयोग में लायी जाती है, किन्तु फिर भी जोक्कड़ अपनी आदत के अनुसार हाथों में डण्डे लिए हुए इस तरह नृत्य करते हैं मानों कि वे मशाले थामें हुए हों। इस तरह जोक्कड़ और परी के सूक्ष्म हास्य बोध की प्रस्तुतियों के द्वारा दर्शक लगातार ठहाके लगाते रहते हैं। यद्यपि यह हास्य बाह्य रूप में अत्यंत सहज प्रतीत होता है।

गत पच्चीस वर्षों में मुझे रायपुर, दुर्ग एवं बिलासपुर जिलों में अनेक नाचा प्रस्तुतियां देखने का सुअवसर मिला है। ये सभी नाटक सामाजिक समस्याओं एवं विसंगतियों पर केन्द्रित हैं। इनमें दो पत्नी वाले व्यक्ति की दुर्दशा का प्रस्तुतिकरण पीपल की पत्तियों की उपमा से किया गया है जो हवा के जरा से झोके से कांपने लगते हैं, या ग्रामीण किसान के ऐसे भोले-भाले बेटे की कहानी प्रस्तुत की जाती है, जिसे बिगड़े हुए व्यक्ति के कोढ़ी हो जाने में परिणित होना दर्शाया गया है। कोढ़, उस बिगड़े हुए व्यक्ति द्वारा एक भोले-भाले युवक को व्याभिचार की ओर प्रेरित करने के पाप की सजा के रूप में दर्शाया गया है। 'भरम के भूत' नामक नाचा में अन्य विश्वासोंपर व्यंग्य पूर्ण कटाक्ष किये गए हैं और यह नाटक आद्योपान्त हास्य से परिपूर्ण है। 'पोंगापंडित' नामक एक अन्य नाटक में एक अपढ़ ग्राह्मण पुरोहित और एक भोले-भाले कृषक पुत्र का प्रस्तुतिकरण किया गया है। इस नाटक में अपने पिता की मृत्यु के उपरांत कृषक पुत्र अपने पिता के श्राद्ध के अंत में सत्यनारायण की कथा करवाना चाहता है। इस कार्य को सम्पन्न करने हेतु उसे गांव का एक अपढ़ पंडित मिलता है। दोनों ही पात्र अपने अज्ञान एवं सरल ग्रामीण भोलेपन की प्रस्तुति कर हास्य का सृजन करते हैं। 'गांवों के नाम ससुराल, मोर नाम दामाद' नाटक भी सहज हास्य से ओत-प्रोत है। इस नाचा को हबीब तनवीर ने भी प्रस्तुत किया है। हबीब तनवीर ने संस्कृत साहित्य के कुछ प्रमुख नाटकों का प्रस्तुतिकरण नाचा शैली में किया है, जिनमें शुद्रक का नाटक,

मिट्टी की गाड़ी अत्यंत सफल रहा है। उनके द्वारा कुछ आधुनिक नाटक भी नाचा शैली में प्रस्तुत किए गए हैं।

जैसा कि नाचा का उद्भव गम्मत के 'नाच्या' पात्र एवं गाम्मत नाट्य स्वरूप से हुआ है, अत: यह स्वाभाविक ही है कि इसमें गम्मत के अनेक तत्व आज भी पाये जाते हैं। इसके साथ ही नृत्य प्रधान नाट्य स्वरूप होने के कारण पात्रों का मंच पर प्रवेश सामान्यत: नृत्य करते हुए ही प्रस्तुत किया जाता है। नाचा का मंच अत्यंत साधारण कोटि का होता है और ग्रामीण परिवेश में उपलब्ध किसी भी उपयुक्त स्थान को मंच की तरह काम में ले लेते हैं। गांवों की चौपाल या किसी बड़े किसान के घर के सामने का चबूतरा या किसी बड़े घर का आंगन ऐसे किसी भी स्थान पर नाचा की प्रस्तुति आसानी से की जा सकती है। मंच के बांई ओर संगतकार बैठते हैं और मंच की तीन दिशाओं में दर्शक वृन्द। नाचा के मंच सज्जा में न तो पर्दों का ही प्रयोग किया जाता है और न ही पार्श्व (विंग्स) बनाये जाते हैं। नाचा पात्रों की वेशभूषा सामान्य ग्रामीणों जैसी ही होती है। पात्रों का मेकअप गांवोंमें उपलब्ध वस्तुओं से कम से कम खर्च में निपटाया जाता है। हल्दी, कुंकुम, सफेद छुई मिट्टी, संगजीरे के चूर्ण तथा कालिख आदि से कलाकारों की सज्जा की जाती है। चरित्रों के अनुरूप और कभी-कभी नाटकीय प्रभाव पैदा करने के लिए नकली जटा और दाढ़ी मूंछों का भी प्रयोग किया जाता है। सज्जा में चेहरे पर काला या गुलाबी रंग, ओठों पर लिपिस्टिक और आंखों में गहरा काजल।

अध्याय-17

रहस

रहस छत्तीसगढ़ क्षेत्र का एक परम्पराशील लोकनाट्य स्वरूप है। छत्तीसगढ़ में इस नाट्य विधा की दो शैलियाँ प्रचलित हैं। एक शैली बिलासपुर जिले में और उससे लगे रायपुर एवं दुर्ग जिलों के कुछ समीपवर्ती स्थानों पर प्रचलित है, जिसमें बेड़ा नुमा मंच एवं अनेक मूर्तियों का निर्माण कर स्थल को ब्रज मण्डल के रूप में सजाया जाता है। रहस की यह शैली पूर्ण रूप से आनुष्ठानिक है। दूसरी शैली रायपुर जिले की धमतरी व नयापारा तहसीलों में एवं दुर्ग जिले की मात्र कुछ तहसीलों के क्षेत्र में ही प्रचलित है। इस शैली के रहस में नाचा शैली के मंच पर नाचा शैली में ही रहसलीला की प्रस्तुति की जाती है, जिसमें कृष्ण का पात्र अभिनीत करने वाले कलाकार के सिर पर मोर पंखों का मुकुट बाँध दिया जाता है और वह सदैव अपने हाथ में बाँसुरी लिए होता है। शेष प्रदर्शन में विशेष उल्लेखनीय कोई बात नहीं दिखाई पड़ती। न तो यह नाट्यस्वरूप आनुष्ठानिक है और न ही इसकी कोई सुदीर्घ परम्परा ही है। प्रस्तुतियाँ भी अत्यंत नाटकीय होती हैं, और सम्पूर्ण लीला में से किसी भी लीला को प्रदर्शन हेतु चुन लिया जाता है। अतः यह आलेख प्रमुख रूप से बिलासपुर शैली के रहस नाट्य पर ही केन्द्रित किया गया है।

रहस शब्द रास का छत्तीसगढ़ी रूपान्तरण है, जो उच्चारण भेद के परिणाम स्वूप यहाँ रहस हो गया है। यह नाट्य स्वरूप रासलीला का ही छत्तीसगढ़ी स्वरूप है, जिसमें यहाँ के लोकधर्मी तत्व एवं परम्परागत सांस्कृतिक विशेषताएँ घुल-मिल गई हैं, जिनके कारण समृद्ध होकर इस शैली ने एक स्थानीय एवं स्वतंत्र नाट्य स्वरूप प्राप्त कर लिया है।

वर्तमान में प्रचलित रासलीला का उद्‌भव एवं विकास मध्ययुग में ब्रज क्षेत्र के वृन्दावन नामक प्राचीन नगर में हुआ था। रासलीला नाट्‌य शैली में ब्रज क्षेत्र की संस्कृति एवं ब्रज भाषा उसके मूल तत्व माने जा सकते हैं, जबकि रहस ब्रज की रासलीला का छत्तीसगढ़ी भाषा में रूपांतरण है, जिसमें इस क्षेत्र के लोक तत्वों का भरपूर समावेश हुआ है। रहस की भाषा भी मूलत: ब्रज ही है जिसको कमोबेश रूपांतरित करके छत्तीसगढ़ी रूप देने का उपक्रम यहाँ के रासधारियों ने किया है। छत्तीसगढ़ी भाषा में कोई बड़ा कवि नही हुआ जो रासलीला की रचना या अनुवाद उपलब्ध करा सकता, अत: रासधारियों को ब्रज भाषा की रासलीला के उन गुटकों पर आश्रित रहना पड़ा जो कुछ मामूली परिवर्तनों के साथ स्थानीय कवियों ने तैयार किए। ब्रज की शैली और बिलासपुर शैली का मूल अन्तर उनकी नाट्‌य प्रस्तुतियों में, मंच निर्माण एवं सज्जा में तथा लोक तत्वों के आधार पर विकसित देशज स्वरूपों के कारण ही विकसित हुआ है।

रासलीला को रहस अथवा रहसलीला अन्य प्रसिद्ध नाट्‌य शैलियों में भी कहा गया है। अवध के नवाब वाजिद अली शाह ने भी कृष्ण की बाल लीलाओं पर आधारित नृत्य-नाट्‌य की रचना की थी, जिसे वे रहस कहते थे। ब्रज के विद्वान श्री नवल सिंह ने इस नाट्‌य शैली पर एक ग्रन्थ लिखा है जिसका नाम उन्होने रहस लावनी रखा है। अवधी में रासलीला का उच्चारण ही रहसलीला के रूप में होता है। छत्तीसगढ़ी बोली भी पूर्वी भाषा परिवार की बोली है जिसकी एक सहोदर बोली अवधी है, अत: दोनों में इस प्रकार का उच्चारण साम्य पाया जाना स्वाभाविक एवं तर्कसंगत है।

छत्तीसढ़ में रहसलीला का उद्‌भव तर्कसंगत है एवं इसका इतिहास बेहद दिलचस्प। इस नाट्‌य शैली का विकास यहाँ धीरे-धीरे एवं दीर्घकाल में हुआ है। गढ़ मण्डला की रानी दुर्गावती भगवान कृष्ण की भक्त थीं। अष्ट छाप के दो प्रमुख कवि चतुर्भुजदास एवं कम्मनदास उनके दरबार में थे ऐसा कहा जाता है, परन्तु कुछ विद्वानों ने इस मत को स्वीकार नहीं किया है। इसके बावजूद भी यह तथ्य अपने आप में अत्यंत महत्वपूर्ण है कि रानी दुर्गावती के गोंड राज्य में कृष्ण भक्ति की परम्परा स्थापित हो चुकी थी। कल्चुरी राज्य की सीमा रानी दुर्गावती के राज्य की सीमा से लगी हुई थी, जिसकी राजधानी रतनपुर थी। रानी दुर्गावती के

राज्य का प्रभाव कल्चुरी राज्य पर पड़ना स्वाभाविक ही था। वैसे भी कल्चुरी शासक क्षत्रीय वंश के हिन्दू थे। रतनपुर के राजदरबार में गोपाल मिश्र नाम के कवि विद्यमान थे जो कृष्ण भक्त थे। इनका जन्म सन् 1636 में हुआ था और उन्होने सन् 1702 ईस्वी में 1भक्त चिन्तामणी2 नामक ग्रन्थ की रचना की थी। इस काव्यग्रन्थ में उन्होने कृष्ण के बाल चरित्र की लीलाओं का वर्णन किया था। ऐसा विश्वास किया जाता है कि उन्होने अन्य कृष्ण भक्तों के साथ मथुरा, वृन्दावन की तीर्थ यात्रा भी की थी।

रतनपुर में ही दूसरे प्रमुख साहित्यकार बाबू रेवाराम कायस्थ हो गये हैं, जिन्होने सत्रह काव्य ग्रन्थों की रचना की थी। उनके इन ग्रन्थों में पाँच ग्रन्थ संस्कृत भाषा में थे, और शेष बारह ग्रन्थ ब्रजभाषा में थे। उनका सर्वश्रेष्ठ ग्रन्थ 'गीत-माधव' महाकाव्य माना जाता है, जिसमें 695 संस्कृत के श्लोक हैं। कवि ने स्वयं ही अपने इस ग्रन्थ का अनुवाद ब्रजभाषा में भी किया था जो रहस लीला के नाम से इस क्षेत्र में प्रसिद्ध हुआ। इस ग्रन्थ की भाषा यद्यपि ब्रजभाषा थी परन्तु वह ब्रज की भाषा जैसी शुद्ध एवं परिष्कृत नहीं थी। बाबू रेवाराम का जन्म 1814 में हुआ था और उनका निधन 1891 में हुआ। ऐसा कहा जाता है कि जब वे मथुरा वृन्दावन की यात्रा पर गए थे तब अपने साथ उन दिनों तीर्थ स्थानों से रामायण, रासलीला और दानलीला की पोथियाँ वहाँ से अपने साथ लेकर आए थे। इन पोथियों को छत्तीसगढ़ की स्थानीय बोली में गुटका कहा जाता है। इन पोथियों के आधार पर ही उन्होने रहसलीला का अपना गुटका तैयार किया था। यही कारण है कि उनके गुटके की भाषा भी मूल गुटके की भाषा की भाँति ही ब्रजभाषा बनी रह गई। उसकी विषय वस्तु भी कमोबेश उसी के सदृष्य थी।

रास का सर्वप्रथम उल्लेख श्रीमद्भागवत के दसवें स्कन्ध में मिलता है, जिसमें कृष्ण की बाल लीलाओं का चित्रण किया गया है। मध्ययुग में वृन्दावन वैष्णव भक्ति का प्रमुख केन्द्र बन गया था और पन्द्रहवीं एवं सोलहवीं शताब्दी में सम्पूर्ण भारत के भक्त कवियों एवं वैष्णव सन्तों ने ब्रज मण्डल की तीर्थ यात्राएं कीं थीं। उस काल में जयदेव के गीत-गोविन्द की रचना ने हिन्दुओं में भागवत धर्म के प्रति एक ऐसा पुनर्जागरण पैदा किया, जिसके प्रेरणास्वरूप

भक्तजनों का झुकाव श्री कृष्ण की जन्मस्थली एवं लीला स्थली की तीर्थ यात्रा की ओर आकर्षित हुआ। आसाम के वैष्णव भक्त कवि श्री शंकर देव सन् 1481 ईस्वी में अपने सतरह अनुयायियों के साथ प्रथम बार मथुरा-वृन्दावन की यात्रा पर गए।

उन्होने ब्रज मण्डल में दस वर्ष तक निवास किया। सन् 1550 ईस्वी में उन्होने एक सौ बीस सन्तों के साथ ब्रज की दूसरी यात्रा की। पन्द्रहवीं शताब्दी के अन्तिम वर्षों में ही उत्कल वासी भक्त कवि माधवेन्द्रपुरी ने मथुरा-वृन्दावन की यात्रा की। आन्ध्र के वैष्णव भक्त वल्लभाचार्य 1520 ईस्वी में मथुरा-वृन्दावन की यात्रा पर पहुँचे। चैतन्य देव ने उसके बाद थोड़े-थोड़े अन्तराल में आगामी पच्चीस वर्षों में अपने छः प्रमुख शिष्यों को ब्रज मण्डल की यात्रा पर भेजा जो वहां लम्बी-लम्बी अवधि तक ठहरे थे। महाप्रभु हितहरिवंश सन्न 1533 में वृन्दावन पधारे थे। ओरछा के भक्त कवि श्री हरिराम व्यास ने ब्रज मण्डल का तीर्थाटन सन्न 1534 ईस्वी में किया था। गुजरात के भक्त कवि स्वामी हरिदास सन् 1543 ईस्वी में मथुरा वृन्दावन की तीर्थ यात्रा हेतु पहुँचे थे। वैष्णव भक्त कवि, नारायण भट्ट आन्ध्र से ब्रज भूमि की यात्रा पर सन् 1545 के लगभग पहुँचे थे। उस दौर में मथुरा-वृन्दावन की यात्रा पर पहुँचे सभी सन्तों की सम्पूर्ण सूची देना तो सम्भव नहीं है, अतः कुछ प्रमुख वैष्णव भक्तों का ही यहाँ उल्लेख किया गया है, जिन्होने भञ्गवत भावना का पुनर्जागरण एवं उसके प्रचार-प्रसार में महत्वपूर्ण योगदान दिया था।

सन्तों एवं वैष्णव भक्त कवियों के विशाल समागम ने मध्ययुग के उस काल में ब्रज मण्डल में भागवत चेतना का ऐसा जबर्दस्त प्रभाव उत्पन्न किया कि भजन हरिकीर्तिन, नृत्य तथा कथावाचन आदि सभी विधाओं के मेल-जोल के परिणामस्वरूप एक ऐसी भक्तिमय कला विधा का उद्‌भव हुआ जो नृत्य नाट्य शैली में कालान्तर में रासलीला के रूप में स्थापित हुई। चूँकि ब्रज भाषा एक अत्यंत मधुर भाषा थी और साहित्य रचना हेतु भी सक्षम थी तथा वह श्रीकृष्ण की जन्मभूमि की भाषा थी अतः वह रासलीला की भाषा के रूप में स्वीकार्य हो गई। वैष्णव भक्त इस भाषा को अच्छी तरह समझते थे तथा अनेक भक्त कवि उसमें पारंगत भी थे, इसलिए उन्हें रासलीला में ब्रज भाषा के अपनाए जाने में किसी

प्रकार की कठिनाई नहीं हुई। मण्डल रूप में किया जाने वाले हल्लीशक नृत्य ब्रज क्षेत्र में पहले ही से परम्परागत रूप में प्रचलित हो चुका था अत: उसे ही रासलीला का आधार बना लिया गया। नृत्य-नाट्यमय रासलीला का यह स्वरूप भक्ति भावना से परिपूर्ण होने के कारण ब्रज भूमि की यात्रा पर आने वाले भक्तों ने अपने-अपने क्षेत्रों में भी जाकर किया। इस भाँति सोलहवीं शताब्दी में रासलीला का प्रचार सर्वत्र भारत में हो गया।

आन्ध्र के वैष्णव भक्त एवं कवि श्री नारायण भट्ट ने ब्रजभूमि की यात्रा की और वे बरसाना के समीप ऊँचागाँव में स्थायी रूप से बस गए। उन्होने 'ब्रजोत्सव चन्द्रिका' और 'प्रेमांकुर' नामक दो ग्रन्थों की रचना की थी जिनमे उन्होने कृष्ण की बाल लीलाओं को रासलीला रूप में क्रमबद्ध रूप से लिखा। उन्होने ब्रज प्रदेश के लोक नृत्यों एवं गीतों को भी अपनी लीलाओं में सम्मिलित किया। कालान्तर में अष्ट छाप के कवियों में रासलीला को अपने महत्वपूर्ण योगदान द्वारा पुष्ट एवं समृद्ध किया। बोप देव एवं उनके बाद के कवियों का योगदान भी रासलीला के विकास में महत्वपूर्ण माना जाता है। रासलीला वृन्दावन के रासधारी श्री रामस्वरूप जी जिनकी सोलहवीं पीढ़ी आज भी रासलीला कर रही है के कथानुसार ''रासलीला की सर्वप्रथम प्रस्तुति महाप्रथु वल्लभाचार्य के निर्देशन में हुई थी, जिसमें पूतना वध लीला खेली गई थी।''

लीला साहित्य का दिनों दिन विस्तार होता गया और उस काल के अनेक भक्त कवियों ने उसे समृद्ध करने में अपना योगदान प्रदान किया। रासलीलाओं के प्रदर्शनों की व्यापकता ने अनेक भक्त कवियों को कृष्ण की बाल लीलाओं पर केन्द्रित साहित्य रचना हेतु प्रेरित किया। भक्तिकाल के अनेक कवि संगीत, नृत्य एवं नाट्य विधाओं में भी पारंगत थे, और वे अपने-अपने प्रदेशों की नृत्य, संगीत परम्पराओं को अपने साथ लेकर वृन्दावन आए थे। इन सबके अवदान स्वरूप रासलीला नाट्य प्रस्तुतियों में बहुरूपी लालित्य का समावेश हुआ। स्वामी हरिदास जी की ध्रुपद रचनाओं में बाँधे गए अष्ट छाप के कवियों के पदों ने रास संगीत एवं साहित्य को रस एवं लालित्यमय बना दिया। महाप्रभु वल्लभाचार्य को रासलीला का प्रथम प्रवर्तक माना जाता है, जिनके निर्देशन में प्रथम लीला के रूप में पूतनावध की प्रस्तुति की गई थी।

सूरदास इस भक्ति परम्परा के महान कवि एवं सन्त हुए हैं। ऐसी मान्यता है कि सूरदास ने चार लाख से भी अधिक पदों की रचना की थी, जिनमें से बहुत सा साहित्य संकलित या लिपिबद्ध नहीं होने के परिणामस्वरूप विस्मृत हो गया। कृष्ण की बाल लीलाओं से सम्बन्धित सूरदास के अनेक पद सभी रासधारी अपनी लीलाओं में गाते हैं। ये पद अद्‌भुत वात्सल्य एवं काव्य लालित्य से परिपूर्ण हैं जो बाल कृष्ण की लौकिक क्रीड़ाओं एवं अलौकिक लीलाओं का एक साथ ऐसा सामंजस्य प्रस्तुत करते हैं कि लीला का दर्शक अपने वास्तविक जगत् और दैवी लोक की विलक्षण 'फंतासी' में विचरण करते हुए अपने आपको खो देता है। सरूदास के पद न केवल काव्य साहित्य की अमूल्य निधि हैं, वरन् वे कृष्ण लीलाओं पर आधारित नाट्य-रासलीला की भी अमूल्य निधि हैं।

सूरदास की परम्परा में ही अन्य अष्ट छाप के कवि नन्ददास, परमानन्ददास और कुम्भनदास आदि कवियों का अवदान भी अत्यंत महत्वपूर्ण है। अष्ट छाप के वैष्णव भक्त कवियों की रचनाओं ने रासलीला साहित्य को साहित्यिक दृष्टि से पुष्ट एवं समृद्ध किया है। रासलीलाओं में इन सभी भक्त कवियों के पदों का भी रासधारी सुन्दर समावेश कर उनकी प्रस्तुतियाँ करते हैं। इन पदों को ध्रुपद-धमार एवं अन्य मार्गी रागों में प्रस्तुत करने की परम्परा रास लीलाओं में मध्य काल से ही चली आ रही है।

आचार्य हितहरिवंशजी, श्री सेवकजी, ध्रुवदास जी, चन्द्र सखी जी और श्री वृन्दावनदास जी की काव्य रचनाओं का भी लीला साहित्य को समृद्धि प्रदान करने में महत्वपूर्ण योगदान है। रासलीलाओं में रासधारियों द्वारा राधावल्लभ सम्प्रदाय के इन भक्त कवियों की रचनाओं का आदर पूर्वक प्रयोग किया जाता है। श्री नारायण भट्ट, स्वामी हरिव्यास, श्री वृन्दावन देव जी, श्री नागरीदास जी तथा नारायण स्वामी ने भी श्री कृष्ण के लीला साहित्य में महत्वपूर्ण योगदान किया है। ये सभी भक्तजन निम्बार्क सम्प्रदाय के थे। बंगाल के गौड़ीय सम्प्रदाय के कृष्ण भक्त कवियों ने भी लीला साहित्य को अपने योगदान से समृद्धि प्रदान

की है। हरिराम व्यास, स्वामी हरिदास एवं गोस्वामी हितहरिवंश का रासलीला को प्रदान किया गया योगदान तो 'हरित्रयी' के नाम से ही विख्यात है।

बाबा ब्रजवासीदास ने नारायण भट्ट की 'ब्रज बिहार' लीलाओं में अनेक लीलाएँ मिलाकर तथा उनकी पुनर्रचनाकर ब्रज विश्वास ग्रन्थ की रचना की है, जिसे रासलीला मंच के अधिकांश रासधारी लीला प्रस्तुतियों हेतु आधार ग्रन्थ के रूप में स्वीकार करते हैं। वृन्दावनदास जी ने भी नानाविध छंद नाम से रासलीलाओं की रचना की है। बरसाने के आसपास प्रचलित रासलीला का भक्ति प्रधान स्वरूप बूढ़ी लीलाएं वर्तमान समय में भी प्रचलित हैं, जिन्हे ग्वाल बाल प्रस्तुत करते हैं। इन बूढ़ी लीलाओं में नाट्य तत्व यद्यपि अत्यंत गौण हैं, परन्तु लीला की परम्परा के विकास में इनका महत्वपूर्ण योगदान रहा है, इस दृष्टिकोश से आज भी बूढ़ी लीलाएं अपने पारम्परिक प्राचीन स्थलों पर ही सम्पन्न होती हैं। इन लीलाओं को देखने के लिए हजारों दर्शक भक्ति भाव से एकत्रित होते हैं। लीला प्रस्तुतियाँ रास पण्डितों के निर्देशन में ग्वाल-बालों द्वारा सम्पन्न होती हैं। बूढ़ीलीला में माधुरीजी एवं ललित किशोर जी की स्पष्ट छाप दिखाई पड़ती है।

लीला साहित्य के विस्तार की एक निरन्तर एवं अटूट परम्परा बनी हुई है, और वर्तमान समय में भी उसकी श्री वृद्धि चलती रही है। श्री सनेहीराम घासीराम, श्यामसखी, ग्वारियाबाबा, लक्ष्मण स्वामी, पुरूषोत्तम गोस्वामी, स्वामी मेघश्याम और अन्य अनेक कृष्ण भक्तों ने लीला साहित्य के विस्तार एवं समृद्धि में अपना महत्वपूर्ण योगदान प्रदान किया है।

रहस का छत्तीसगढ़ी साहित्य

रासलीला यद्यपि श्रीमद्भागवत के दसम स्कन्ध पर आधारित है तथा उसमें नारायण भट्ट एवं अन्य कवियों ने जो योगदान प्रदान किया है, उसके परिणामस्वरूप ब्रजमण्डल की रासलीला शैली का विकास हुआ है। परन्तु छत्तीसगढ़ की 'रहस' लीला की स्थानीय शैली के विकास में 'ब्रजबिलास' और 'राधाकृष्ण बिहार' नामक दो ग्रन्थों का भी महत्वपूर्ण योगदान रहा है। ये दोनों ही ग्रन्थ वैष्णव संत बाबा ब्रजवासी दास द्वारा रचित हैं। अध्ययन से पता चलता है कि बाबू रेवाराम ने उपरोक्त ग्रन्थों को आधार बनाकर ही अपने रासलीला गुटके की रचना की होगी, जिसमें उन्होने छत्तीसगढ़ी बोली के कुछ शब्दों एवं स्थानीय लोक तत्वों का भरपूर समावेश किया है। बाबू रेवाराम का रहस का गुटका कभी प्रकाशित नहीं हो पाया, किन्तु रहस धारी उस गुटके की हस्तलिखित पोथियाँ प्राप्त कर लेते थे और रहस की प्रस्तुतियाँ करते थे। उन दिनों ऐसे ही हस्तलिखित गुटके प्रचलित हुआ करते थे, रहसधारी जिनकी नकल कर लिया करते थे। बाबू रेवाराम का गुटका इस क्षेत्र के रासधारियों में अत्यंत लोकप्रिय था। कुछ रासधारी बताते हैं कि उनके पास बाबू रेवाराम द्वारा रचित रासलीला का गुटका मौजूद है, किन्तु इस बात को सुनिश्चित कर पाना अत्यंत कठिन है। इस क्षेत्र में प्रचलित ऐसे सभी गुटकों में कुछ न कुछ अन्तर पाया जाता है, जो स्वाभाविक भी है क्योंकि नकल करते समय रासधारियों ने उनमें कुछ न कुछ जोड़-घटा कर अपने मनोनुकूल परिवर्तन किये हैं। हाँ यह बात तो निश्चित ही जान पड़ती है कि रेवाराम बाबू का कोई न कोई रहस गुटका या रासलीला गुटका अवश्य ही कभी किसी समय विद्यमान था। यही वजह है कि वर्तमान समय में भी सभी रासधारी अपनी रहस प्रस्तुति को बाबू रेवाराम के गुटके पर आधारित बताते हैं।

अनुष्ठान एवं आयोजन :

रहस नाट्य पूर्णरूप से आनुष्ठानिक होता है और उससे सम्बन्धित सम्पूर्ण विधि-विधान का सख्ती से पालन किया जाता है। अपने गाँव में रहस का आयोजन करने हेतु ग्रामीण जन रहसधारी के पास जाकर उन्हे आमंत्रित करते हैं। आयोजन हेतु संभावित तिथियों पर आपस में विचार विमर्श किया जाता है। ज्योतिष पंचांग देखकर रहस के आयोजन हेतु मुहूर्त निश्चित किया जाता है। इस बात का पूरा ध्यान रखा जाता है कि कार्यक्रम के बीच में पंचक न पड़े। तिथि निश्चित हो जाने के पश्चात आयोजक गण रासधारी को एक नारियल, एक धोती एवं इक्यावन या एक सौ एक रूपये भेंट कर उन्हे विधिवत् प्रस्तुति हेतु आमंत्रित करते हैं। रहसधारी भेंट स्वीकार कर अपनी सहमति प्रदान करते हैं। सामान्य रूप से रहस की तिथि आयोजन से एक माह पूर्व ही निश्चित हो जाती है। रहस की तैयारी एवं व्यवस्था में लगभग एक माह का समय लग जाता है।

ग्रामीण अपने गाँव वापस आकर शुभ मुहूर्त में 'थुन' की स्थापना करते हैं। 'थुन' खुले मैदान में स्थापित किया जाता है इसके उपरांत उसे गोबर से लीपकर पवित्र किया जाता है। 'थुन या स्तम्भ' की स्थापना हेतु गांव का ही कोई ब्राह्मण पूजा-पाठ सम्पन्न करवाता है। गांव का प्रमुख व्यक्ति या आयोजक यजमान बनना स्वीकार करता है जो आयोजन पर होने वाले खर्च को वहन करने का दायित्व स्वीकार करता है। मालगुजारी प्रथा के जमाने में यह उत्तरदायित्व गाँव का मालगुजार या साहूकार वहन करता था। यद्यपि यजमान बनना कोई एक प्रमुख व्यक्ति ही स्वीकार करता है, परन्तु अन्य ग्रामीण जन भी अपनी-अपनी हैसियत और श्रद्धानुसार इस आयोजन में आर्थिक सहयोग प्रदान करते हैं और गाँव के प्रमुख या सम्मानीय व्यक्ति होने के नाते ही वह व्यक्ति सम्पूर्ण गाँव की ओर से ही ऐसा उत्तरदायित्व वहन करना स्वीकार करता है।

गाँव के पाँच व्यक्ति मिलकर थुन हेतु गड्ढ़ा खोदते हैं। गड्ढ़ा तैयार होने के पश्चात हल्दी की कुछ गाँठे एवं एक रूपये का सिक्का उस गड्ढ़े में रखा जाता है, तत्पश्चात् मन्त्रोच्चार के साथ थुन (स्तम्भ) को स्थापित किया जाता है जिसमें गाँव के सभी लोग हाथ लगाते हैं। स्तम्भ स्थापित हो जाने के बाद उस पर

कुमकुम, अक्षत एवं पुष्प चढ़ाए जाते हैं और उसे मौली से लपेट कर मन्त्रो द्वारा अक्षय बना दिया जाता है। अन्त में कच्चा नारियल फोड़कर उसका जल थुन पर चढ़ाया जाता है और नारियल का प्रसाद उपस्थित लोगों में वितरित कर दिया जाता है।

रहस बेड़ा :

ग्रामीण जन बैठकर रहस आयोजन हेतु आपस में कार्य-विभाजन कर लेते हैं। वे आपस में सलाह मशविरा करके बेड़े का आकार-प्रकार भी निर्धारित करते हैं, साथ ही सम्भावित दर्शकों की संख्या के आधार पर स्थल की तैक्षारी एवं सजावट आदि की तैयारी में जुट जाते हैं। रहस के मंच को बेड़ा कहते हैं। बेड़े का निर्माण थुन को केन्द्र में रखकर किया जात है। थुन लगभग बेड़े के धरातल से आठ फुट ऊंचा रखा जाता है जिसे धान का पुआल तथा मिट्टी का गारा बनाकर लीप दिया जाता है। थुन के चारों ओर मिट्टी चढ़ाकर अथवा ईंटों से एक स्तम्भ का निर्माण किया जाता हे, जो दो फुट आयताकार (आकार में) मोटा होता है और थुन की ऊँचाई तक इसका निर्माण किया जाता है। यह थुन ही बाद में उस कदम्ब वृक्ष का प्रतीक माना जाता है जसके नीचे श्रीकृष्ण ने अपने बाल्यकाल में रासलीला की थी। इस स्तम्भ में ही एक आला बनाया जाता है, जिसमें एक दीपक की स्थापना की जाती है। यह अखण्ड ज्योति रहस के प्रथम दिन प्रज्चलित की जाती है और आयोजन के समापन तक अखण्ड रूप से प्रज्वलित रहती है।

रहस का मंच भूमि से दो फुट ऊँचा बनाया जाता है। यह मंच आकार में पन्द्रह से बीस फुट आयताकर में बनाया जाता है। कभी-कभी गोल घूमने वाला बेड़ा भी बनाया जाता है, जो इस्पात की एक मोटी धुरी पर घूमता है। इस बेड़े को उसके समीप बैठने वाले दर्शक घुमाते हैं। ऐसे बेड़ों का निर्माण कठिन तथा अत्यधिक खर्चीला होता है, इसलिए कभी-कभी ही ऐसे मंच बनाये जाते हैं। बेड़ा चारों ओर से खुला होता है। बेड़े के चारो कोनों पर चार मजबूत खम्बे गाड़े जाते हैं, जिन पर थुन से शहतीरे उतारी जाती हैं। बेड़े की छत को बाँस, आम के

पत्तों एवं टहनियों से आच्छादित किया जाता है। बेड़े के भीतरी भाग को रंग बिरंगे झिल्ली कागजों की पट्टियों एवं तोरण से सजाया जाता है। प्रेक्षक बेड़े के चारों ओर बैठते हैं। किसी एक दिशा से दर्शकों के बीच कुछ स्थान कलाकारों के प्रवेश हेतु छोड़ दिया जाता है। खुले मैदान में रहस मंच जलयान सदृष्य प्रतीत होता है, इसी कारण उसे बेड़ा कहा जाता है। छत्तीसगढ़ में मण्डप को भी बेड़ा कहा जाता है।

मूर्तियाँ एवं ब्रजमण्डल का निर्माण :

रहस नाट्य का सर्वाधिक महत्वपूर्ण पक्ष उसमें विभिन्न पौराणिक पात्रों की विशाल मूर्तियों का निर्माण किया जाना है। ये मूर्तियाँ मिट्टी से बनाई जाती हैं। ऐसी मूर्तियाँ कम से कम दस और अधिकतम एक सौ छब्बीस बनाई जाती हैं, जो गणेश भगवान, रिद्धि-सिद्धि, राधा एवं कृष्ण, हनुमान, गरूड़, ब्रह्मा, शिव, परीक्षित एवं सुकदेव जी की होती हैं। शेष मूर्तियाँ खुले प्रांगण में और गाँव के प्रमुख स्थानों, चौपालों, गाँव के प्रमुख व्यक्तियों, घरों के सम्मुख स्थापित की जाती हैं। बेड़े के बाहर स्थापित होने वाली मूर्तियाँ आकार में विशाल होती हैं। बेड़े के भीतर की मूर्तियाँ आकार में चार फुट से छः फुट ऊँची होती है और शेष मूर्तियाँ छः फुट से पन्द्रह फुट तक होती हैं। मूर्तियाँ स्थापित करने के पीछे जो भावना निहित है उसके अनुसार सम्पूर्ण ग्राम को पौराणिक त्रैतायुगीन ब्रजमण्डल का स्वरूप प्रदान करने की होती है। गाँव के प्रमुख मार्ग की सीमा पर कृष्ण एवं अर्जुन को रथ में बैठकर कुरुक्षेत्र में जाते हुए दर्शाया जाता है। राजा कंस एवं भीमसेन की दस से पन्द्रह फुट ऊँची विशाल प्रतिमाएँ रहस के खुले प्रांगण के दो किनारों पर स्थापित की जाती हैं। किसी खुले स्थान पर पूतना का वध करते हुए बाल कृष्ण की मूर्ति स्थापित की जाती है।

सम्पन्न ग्रामीण अपने-अपने घरों के सम्मुख या घर की भित्ति पर मूर्तियाँ बनवाते हैं जिनका खर्च वे स्वयं वहन करते हैं। मालगुजार या पटेल के घर के सम्मुख भी कोई न कोई विशाल मूर्ति अवश्य बनाई जाती है। कभी-कभी मालगुजार के घर के सामने बने चबूतरे पर कंस की विशाल मूर्ति का निर्माण किया

जाता है तथा कंस वध की लीला उसी स्थल पर सम्मपन्न होती है। कालिया मर्दन लीला गाँव के बड़े तालाब पर सम्पन्न होती है जिसमें नाग की प्रतिमा का निर्माण एक नौका पर किया जाता है और दूसरी नौका पर श्रीकृष्ण बैठकर वहाँ तक जाते हैं और नाग को नाथने की लीला सम्पन्न करते हैं। रहस की ऐसी मूर्तियाँ सम्पूर्ण ग्राम एवं लीला प्रांगण को दैवी रूप में परिवर्तित कर देती है और श्री कृष्ण की लीलाओं की विभिन्न मूर्तियों के स्थापित किये जाने के कारण ग्राम परिवेश एवं वहाँ का सम्पूर्ण वातावरण कृष्ण की क्रीड़ा स्थली, ब्रज भूमि में रूपांतरित हो जाता है।

रहस की मूर्तियों का निर्माण चितेरा जाति का कोई कलाकार करता है। मूर्तियों के निर्माण हेतु मिट्टी, पुआल, सन आदि सामग्री ग्रामीण प्रदान करते हैं। मूर्तियों के ढाँचों का निर्माण सर्वप्रथम बाँस, लकड़ी, पुआल एवं रस्सियों से किया जाता है। इसके बाद मिट्टी में सन मिलाकर ढाँचों पर चढ़ाकर मूर्तियों को भिन्न-भिन्न आकार प्रदान किये जाते हैं। मिट्टी सूखने पर मूर्तियों की रंगाई होती है। इन रंगों को चितेरा स्वयं ही तैक्षार करता है। आजकल बाजार से तैयार कुछ रंग भी खरीद लिखे जाते हैं। ऐसी मूर्तियाँ श्रीमद् भागवत् में वर्णित पात्रों के रंग, रूप एवं चरित्र के अनुसार बनाई जाती हैं। मूर्तियों की आँखे रास आरम्भ होने वाले दिन रासधारी द्वारा मूर्तियों का व मंच का पूजन करने के उपरांत बनाई जाती हैं। इसे मूर्तियों द्वारा 'नेत्र खोलना' कहा जाता है, जिसका तात्पर्य होता है, "वे सब पात्र मूर्तिरूप में सजीव होकर रंगस्थल पर उपस्थित हो गये हैं जो रहस की प्रस्तुति का अवलोकन करेंगे।'''

बेड़े में मूर्तियों की स्थापना विधिवत् एवं विशेष क्रम में एवं नियमानुसार की जाती है। श्रीकृष्ण एवं राधा की ढाई तीन फुट ऊँची मूर्ति गणपति एवं रिद्धि-सिद्धि की मूर्तियाँ केन्द्र में कदम वृक्ष के नीचे बने हुए मंच पर स्थापित की जाती है। शेष मूर्तियों को जो आकार में आदमकद होती हैं, स्थापना इस भाँति की जाती है - उत्तर-पूर्व दिशा में ब्रह्माजी की प्रतिमा, दक्षिण-पूर्व कोण पर भगवान शिव की प्रतिमा, दक्षिण-पश्चिम कोण पर परीक्षित जी की प्रतिमा और उत्तर-पश्चिम कोण में शुकदेव जी की प्रतिमा स्थापित की जाती है। पूर्व द्वार पर जो प्रमुख द्वार माना जाता है, वहाँ हनुमान जी एवं गरूड़ जी की प्रतिमाएँ स्थापित

की जाती है। कुछ आयोजनों में धनाभाव की स्थिति में जहाँ प्रतिमाओं का निर्माण करना संभव नहीं होता, वहाँ इन देवी देवताओं की छपी हुई तस्वीरें बेड़े में यथास्थान लटकाई जाती है।

यद्यपि तस्वीरों से वह प्रभाव तो उत्पन्न नहीं होता जो प्रतिमाओं से होता है, परन्तु उनसे विधि विधान की पूर्ति अवश्य हो जाती है। कुछ रासधारियों ने बेड़े के भीतर स्थापित करने हेतु काष्ठ की प्रतिमाएँ भी बना रखी हैं, जिससे मूर्तियों पर होने वाला खर्च सदैव नहीं उठाना पड़ता। शेष मूर्तियाँ मिट्टी से बनाई जाती हैं जिनकी संख्या रहस हेतु एकत्रित किए गए धन पर निर्भर करती है। रहस में प्रतिमाओं का निर्माण शुभ एवं सम्मानजनक माना जाता है। इस कारण ग्राम के सम्पन्न व्यक्ति कुछ मूर्तियों का खर्च स्वयं भी वहन कर लेते हैं।

श्री कृष्ण द्वारा कुरूक्षेत्र में अर्जुन को गीता का उपदेश देते हुए दर्शाती हुई प्रतिमा और भीम की विशाल प्रतिमा का निर्माण यद्यपि रास-लीला के अंग नहीं हैं, फिर भी उस युग विशेष का वातावरण निर्मित करने हेतु ही उनका निर्माण किया जाता है। शेष प्रतिमाएँ कृष्ण जन्म, पूतना वध, माखन चोरी, वृन्दावन गमन, बकासुर वध, राधा-गोपी मिलन, कालिया मर्दन लीला, पनघअ लीला, गोवर्धन पर्वत लीला, दानलीला, रासलीला, महारासलीला, राधा विलाप, हिण्डोला लीला, कृष्ण मथुरागमन, कुबड़ी लीला, धनुष भंग, कुबलिया वध, कंस वध एवं उग्रसेन राज्याभिषेक लीलाओं पर आधारित होती है। इन लीलाओ के अतिरिक्त और भी अनेक लीलाओं का समावेश रासलीला में रासधारी कर लेते हैं और बृहत पैमाने पर किए जाने वाले रहस आयोजन में कुल एक सौ छब्बीस प्रतिमाओं का निर्माण किया जाता है। रहस के ऐसे आयोजन के अवसर पर दर्शकों को ऐसा महसूस होता है मानों वे ब्रजभूमि में विचरण कर रहे हैं और त्रैता युग में उस युग के पात्रों के मध्य जी रहे हैं।

रहस लीला का मंचन :

रहस नाट्य का शुभारम्भ निश्चित तिथि एवं शुभ मुहुर्त पर विधिपूर्वक होता है। यजमान सपत्नी आयोजन का भार वहन करने का संकल्प उठाता है। रहस का

आरम्भ भारतीय पंचाग के अनुसार जिस पक्ष में आरम्भ किया जाता है, उसी पखवाड़े में उसका समापन भी हो जाना चाहिए। यदि आरम्भ शुक्ल पक्ष में हुआ है तो उसी शुक्ल पक्ष में उसका समापन भी होना अनिवार्य है। इस नियम का उल्लंघन अशुभ माना जाता है।

रहस परम्पराशील नाट्य विद्या है तथा अन्य परम्पराशील भारतीय नाट्य विधाओं की भाँति ही इस नाट्य में भी पुरूष कलाकार ही अभिनय करते हैं। स्त्री पात्रों का अभिनय भी पुरूषों द्वारा ही किया जाता है। जिनका वेष एवं श्रृंगार पात्रों के चरित्रानुसार किया जाता है। कलाकारों का प्रशिक्षण रासधारी द्वारा किया जाता है जो उन्हे अभिनय, नृत्य एवं गायन आदि नाट्य से सम्बन्धित सभी विधाएँ सिखाते हैं। रासधारी नाट्य की सभी विधाओं में पारंगत होते हैं। वे रहस के निर्देशक, गायक एवं कथावाचक होते हैं।

रहस के प्रशिक्षण की विधि किसी परम्परा अथवा शास्त्र पर आधारित न होकर वाचिक परम्परा पर अधिक निर्भर होती है। रहस धारी रहस मण्डली का गठन करते हैं, जिनमें संगीत की संगत करने वाले साजिंदे प्रमुख होते हैं। ढोलक, पखावज, तबला, हारमोनियम, चिकारा या हारमोनियम अथवा मंजीरा बजाने वाले कलाकार होते हैं। शेष वाद्य अन्य सहयोगी कलाकार बजाते हैं। रहस धारी को सम्पूर्ण कथा कंठस्थ होती है और उन्हे कृष्ण की बाल लीलाओं से सम्बन्धित अनेक कवियों के सहस्त्रों पद मुखाग्र होते हैं। कथा विस्तार के साथ-साथ प्रसंगानुकूल काव्य पदों का प्रयोग करने में उन्हे दक्षता प्राप्त होती है। साहित्यिक पक्ष पर अधिकार के साथ ही साथ वे संगीत पक्ष के भी ज्ञाता होते हैं।

संगीत की रचना काव्य पदों के अनुरूप ही की जाती है। बहुत से पदों के लिए संगीत की रचनाओं की विशिष्ट राग रागिनी के निर्देश रासलीला की पुस्तकों एवं गुटकों में निर्देशित होते हैं जिनके अनुरूप ही रासधारी संगीत रचना करते हैं। मध्य-युगीन भक्तिकाल के कवियों की रचनाएँ बहुधा शास्त्रीय एवं मार्गी रागों में निबद्ध की जाती हैं। लोक पक्ष का जहाँ समावेश किया जाता है, वहाँ देशी रागों एवं धुनों का प्रयोग अधिक किया जाता है। कृष्ण जन्म, उत्सव प्रसंग एवं क्रीड़ा आदि के दृष्यों के साथ लोक तत्वों का भरपूर समावेश किया

जाता है। लोक तत्वों में छत्तीसगढ़ में प्रचलित लोकगीतों एवं नृत्यों का प्रयोग किया जाता है। छत्तीसगढ़ी भाषा भी एक मधुर एवं कर्णप्रिय भाषा है, जिसका लोक साहित्य समृद्ध है। लोकगीतों में सोहर, विवाह गीत, पर्व गीत, गारी, फाग आदि का प्रयोग किया जाता है। सुवा, कर्मा तथा ददरिया गीत एवं नृय भी अनुकूल स्थलों पर संयोजित किए जाते हैं। लोकगीतों एवं लोक नृत्यों के सम्मिश्रण से रहस का प्रस्तुतिकरण अधिक लालित्यमय हो जाता है। रहस की आरम्भिक तैयारी के अवसर पर ही कलाकारों का प्रशिक्षण भी साथ ही साथ होता जाता है।

रहसधारी स्वयं एक अच्छे गायक एवं कुशल कथा वाचक होते हैं। रहस के आयोजन की सफता का दारोमदार उनके कौशल पर ही निर्भर करता है। नौ-दस दिनों के इस आयोजन में उन्हें अपने गायन तथा कथा की टीका व्याख्या के माध्यम से दर्शक को बाँधे रखना पड़ता है। कथा वाचक के रूप में वे अनेक प्रसंगानुकूल कथाएँ, उद्धरण एवं मनोरंजक एवं ज्ञान वर्धक चर्चा प्रस्तुत करते हैं। इन प्रस्तुतियों में अभिनय करते हुए भी कलाकारों का प्रशिक्षण चलता रहता है। और वे धीरे-धीरे मंज जाते हैं।

वेशभूषा :

रहस नाट्य की वेशभूषा भी अन्य परम्पराशील नाट्यों के सदृष्य ही होती है। राजपुरूष जामा पहनते हैं। श्री कृष्ण पीले रंग की धोती एवं पीले रंग का दुपट्टा धारण करते हैं तथा उनके सम्पूर्ण अंगों पर नीले रंग का लेपन किया जाता है। वे सिर पर मोर पंखों का मुकुट धारण करते हैं। राधा गौर वर्णीय है एवं रंगीन रेशमी साड़ी में प्रस्तुत की जाती हैं। उनके सिर पर भी मुकुट होता है। रहस की पोशाकें एवं श्रृंगार सामग्री मथुरा में बनती है तथा वहीं से सब स्थानों पर जाती है। रहस से सम्बन्धित मुखौटे भी मथुरा में ही कागज की लुग्दी से बनाए जाते हैं।

खल एवं राक्षय पात्र मुखौटे प्रयोग में लाते हैं। कंस, उग्रसेन तथा अन्य राजपुरूष मखमल या साटिन के जामें धारण करते हैं। राजा एवं रानियाँ सब मुकुट

धारण करते हैं। सभी स्त्री पात्र रंग बिरंगी सिल्क साड़ियाँ धारण करती हैं। कभी-कभी राधा एवं यशोदा को साटिन के घाघरे, रेशम की ओढ़नी एवं सैटिन के पोलकों में प्रस्तुत किया जाता है, जिन पर गोटे, किनारी, सलमें सितारों एवं जरी का आकर्षक काम किया होता है।

अंगराग :

अंगराग हेतु संगजीरे का चूर्ण, नील, पिसी हुई हल्दी, हरारंग, चन्दन, गुलाबी रंग, चावल का आटा आदि वस्तुएं उपयोग में लाई जाती हैं। कलाकार स्वयं ही अपना श्रृंगार एक दसरे की सहायता से कर लेते हैं। सद्‌गुणी-जनों को पीले, गुलाबी एवं नीले वर्ण में प्रस्तुत किया जाता है। खल एवं दुर्गुणी पात्रों को हरे एवं काले रंग में प्रस्तुत करने की परम्परा है। ब्रज की रासलीला की तुलना में छत्तीसगढ़ी रहस के पात्रों की वेशभूषा तथा श्रृंगार अत्यंत साधारण कोटि का होता है। मथुरा-वृन्दावन में रासलीला का उद्‌भव एवं विकास हुआ है। वहाँ के मन्दिरों में श्री कृष्ण के विभिन्न स्वरूपों की मूर्तियाँ स्थापित हैं। कृष्ण भक्ति की वैष्णव परम्परा के भिन्न-भिन्न सम्प्रदायों में श्रीकृष्ण की मूर्तियों के निर्माण की पृथक-पृथक शैलिया प्रचलित हैं। श्रीकृष्ण एवं श्री राधा के श्रृंगार, वस्त्र, आभूषण का विशद् वर्णन भक्तिकाल के कृष्ण साहित्य में उपलब्ध है, जिसकी प्रेरणा से ब्रज के मन्दिरों में श्रीकृष्ण एवं श्री राधा का श्रृंगार एवं झांकियों का निर्माण किया जाता है। मन्दिरों में विकसित मूर्ति विज्ञान एवं शैलियों तथा श्रृंगार विधान की परम्परा के अनुसार ही रासलीला में श्रीकृष्ध एवं श्री राधा के स्वरूपों की रचना की जाती है। मुकुट धारण करने के उपरांत श्रीकृष्ण एवं श्री राधा को इन्ही अलौकिक दैवी चरित्रों का स्वरूप मानकर उनकी पूजा करने का विधान है। ऐसे धार्मिक वातावरण में विकसित हुई रासलीला परम्परा के स्वरपों की वेशभूषा, श्रृंगार तथा मुकुटों की तुलना में छत्तीसगढ़ के गरीब ग्रामीण परिवेश में विकसित रहसलीला की वेशभषा तथा श्रृंगार आदि की सामग्री यदि सामान्य कोटि की है, तो उसे स्थानीय परिस्थितियों के अनुरूप ही मानना चाहिए।

प्रस्तुतिकरण एवं प्रयोग :

रहस में रासलीला की भाँति ही कृष्ण का बाल सखा मनसुखा एक विनोदी चरित्र है। यह मनसुखा ही विदूषक है जो निरीह एवं सरल प्रकृति का बालक है। किसी-किसी रासलीला में एक तनसुखा नामक पात्र भी मिलता है जो मनसुखा का ही पूरक है। छत्तीसगढ़ की रहसलीला में कई अन्य विदूषक पात्र भी प्रस्तुत करने की परम्परा है। यह पात्र कंस के दरबार का मन्त्री है जो विचित्र वेशभूषा में नकली मूँछे लगाए हुए कंस के साथ उसके जी हुजूर पात्र के रूप में प्रस्तुत किया जाता है। यह पात्र जहाँ एक ओर कंस की चाटुकारिता करता हुआ दर्शाया जाता है वहीं वह अपनी टिप्पणियों के माध्यम से कंस को मूर्ख सिद्ध करते हुए उसका उपहास करता हुआ भी दर्शाया जाता है। कंस जब किसी गम्भीर चिन्तन में डूबे हुए एवं क्लान्त होते हैं और अपनी भावनाओं या विचारों को अभिव्यक्ति करने को आतुर होते हैं, ठीक उसी समय यह विदूषक मन्त्री अपनी नकली मूँछे हिलाते हुए प्रस्ताव करता है, "कंस महाराज क्या नाचने वाली को प्रस्तुत करूँ ? कोई गजल या कव्वाली या फिर कोई फड़कता हुआ नाच ... ।"

इस विदूषक मन्त्री की वेशभूषा कुछ भी हो सकती है, जैसे सर्कस के जोकर की पोशाक या आड़ी तिरछी पैंट जिसकी एक मोहरी पिंडलियों तक मुड़ी हुई हो और कमीज के बटन ऊपर नीचे लगे हों। अंग्रेजों के जमाने का टोप सिर पर धारण कर उसे बार-बार सम्भालने की मुद्रा के माध्यम से भी यह पात्र हास्य का लगातार सृजन करता रहता है।

रहस की प्रस्तुति को अपने अनोखे ढंग से ही रासलीला में वर्णित कृष्ण की बाल लीलाओं का प्रस्तुतिकरण सिलसिले वार किया जाता है। दो लीलाओं के बीच में छैला पार्टी द्वारा गम्मत एवं नाच प्रस्तुत किए जाते हैं। रासलीला का प्रदर्शन करने वाली मण्डली और गम्मत प्रस्तुत करने वाली छैला पार्टी, दोनों अलग-अलग होती हैं। दोनों के साजिन्दे भी अलग-अलग होते हैं। ऐसी परम्परा शायद ही किसी अन्य लोकनाट्य विधा में विद्यमान हो। कभी-कभी तो रासलीला की अपेक्षा गम्मत सम्पूर्ण प्रदर्शन पर हावी हो जाती है। यह तथ्य भी इस बात की पुष्टि करता है कि गम्मत ही छत्तीसगढ़ में आरम्भिक नाट्य स्वरूप

रहा है, रासलीला तो बाह्य प्रभाव से कालान्तर में अपना ली गई है। हाँ, दोनों की 'कोलाजिंग' अपने आप में एक विलक्षण प्रयोग कहा जा सकता है। छैलापार्टी की व्यवस्था भी रासधारी ही करता है, जिससे वह ठेके पर बुलाता है और अपने पारिश्रमिक में से ही धनराशि प्रदान करता है।

रहस मण्डली में दस से लगाकर पन्द्रह सदस्य होते हैं। इनमें एक या दो चिकारा बजाने वाले, एक तबला वादक, एक मंजीरा वादक, एक हारमोनियम वादक तथा दो नर्तक होते हैं, जो स्त्री वेष में कृष्ण के साथ-साथ गोपियों की भाँति रहते हैं। इनके अतिरिक्त कुछ कलाकार वे होते हैं जो लीला में विभिन्न पौराणिक पात्रों का अभिनय करते हैं। रहस में पहले एक मुकुटधारी नामक पात्र भी हुआ करता था, जो श्री कृष्ण का ही प्रतीक था, जो अब लुप्त हो चुका है। रासधारी भी इन्ही संगतकारों में से एक होता है, जो या तो चिकारा बजाता है या हारमोनियम, और सम्पूर्ण रहस लीला का निर्देशन एवं संचालन करता है। एक मशालची भी पहले इनके साथ चला करता था जो बिजली एवं गैस बत्तियों के प्रादुर्भाव के कारण अब अनावश्यक हो गया है। अपने जमाने के प्रसिद्ध रासधारी मंझला महाराज चिकारा बजाया करते थे, और वर्तमान समय के प्रमुख रासधारी दादूसिंह हारमोनियम बजाते हैं। ननकापंडित मंजीरा ही बजाकर रहस का संचालन करते हैं।

रहस की सामाजिक पृष्ठ भूमि :

रहस यद्यपि धार्मिक एवं परम्पराशील नाट्य विधा है परन्तु छत्तीसगढ़ क्षेत्र में यह विधा तुलनात्मक दृष्टि से कहीं अधिक अपना धर्मनिरपेक्ष रूप विकसित कर सकने में सफल हो सकी है। सतनामी जाति एवं हिन्दुओं में नीची समझे जाने वाली अन्य जातियाँ भी उन्मुक्त रूप से रहस के आयोजन एवं प्रस्तुतियों में सम्मिलित होती हैं। कुछ क्षेत्रों में तो रहस को इसी कारण से सतनामी रहसलीला भी कहकर समबोधित किया जाता है। रहस नाट्य का जनाधार अत्यधिक लोकतन्त्रीय एवं उदार बनने का एक कारण यह भी प्रतीत होता है कि गांव की सभी जातियों एवं वर्गों के लोग अपनी-अपनी सामर्थ्य एवं श्रद्धानुसार आयोजन

में आर्थिक एवं अपने साधनों से सहयोग प्रदान करते हैं। बिलासपुर एवं दुर्ग जिले के रासधारियों में तथाकथित नीची जातियों के लोगों की संख्या उच्च या सवर्ण कहे जाने वाले रासधारियों की अपेक्षा कहीं अधिक है। रहस हेतु मूर्तियाँ बनाने वाली चितेरा जाति भी अछूत समझी जाने वाली जातियों में ही मानी जाती है। जाति-पांति का परित्याग करके यहाँ सभी रासधारियों को पण्डित कहकर सम्बोधित किया जाता है। ये पण्डित स्नानोपरांत अपने मस्तक पर चन्दन का तिलक लगाकर स्वच्छ धोती कुर्ता धारण करते हैं तथा रहस प्रस्तुति के पूरे समय तक रेशमी दुपट्टा कन्धों पर धारण करते हैं। यह वेषभूषा रास पंडितों की इस क्षेत्र में सामान्य पहचान बन चुकी है।

छैला पार्टी में छ: से दस तक कलाकार होते हैं। औसत स्तर की ऐसी एक छैला पार्टी में दो नजरिया या नचकार, एक परी, दो जोक्कड़, एक तबला वादक, एक हारमोनियम वादक, एक ढोलकी वादक एवं एक मंजीरा बजाने वाला, होते हैं। नचकार एवं परी स्त्रियों के वस्त्र धारण कर स्त्री वेष में सजते हैं। मंच पर नजरियों और जोककड़ का प्रवेश मंच के दाहिने पार्श्व से होता है परन्तु परी का प्रवेश दर्शकों के बीच से होता है जो कांसे के दो लोटे सिर पर रख कर मंथर गति से मंच की ओर बढ़ती है। नीचे का एक लोटा सीधा तथा दूसरा आड़ा सिर पर रखकर परी मंच पर पहुँचती है और जोककड़ के साथ एक दो संवादों के उपरांत नाचने लगती है। नाचते समय वह दोनों लोटों को बिना हाथ से पकड़े ही साधती है और नृत्य के साथ-साथ ऊपर वाला आड़ा लोटा भी नीचे वाले लोटे पर घूमने लगता है। नृत्य का एक टुकड़ा पूरा होने के उपरांत परी और जोक्कड़ पुन: आपस में संवाद करने लगते हैं। इनके बीच के अधिकांश संवाद प्रशन-उत्तर शैली में होते हैं। जोक्कड़ द्वारा पूछे गए सभी प्रश्नों के उत्तर परी द्वारा अत्यंत भोलेपन एवं नजाकत से दिए जाते हैं। इन संवादों में ही हास्य एवं नाटकीय स्थितियों का सृजन होता जाता है और दर्शक वृन्द इन चुटीले संवादों का ठहाकों के साथ आनन्द लेते हैं। हास्य की ऐसी स्थिति के उत्पन्न होते ही जिस स्थान पर दर्शक ठहाके लगाने लगते हैं, परी एवं जोक्कड़ तुरन्त नृत्य करने लगते हैं और इस तरह यह क्रम चलता जाता है। बीच-बीच में जोक्कड़ परी के साथ नचकार भी नृत्य करने लगते हैं। जोक्कड़ परी के संवादों में दैनन्दिन जीवन के सुख-दुःख

के साथ-साथ ही समसामयिक परिस्थितियों पर भी व्यंग्यात्मक टिप्पणियाँ की जाती हैं। जोक्कड़ और परी के बीच प्रत्युतपन्नमति द्वारा उत्पन्न एवं सहज हास्य इस सम्पूर्ण जोक्कड़-परी समागम का अत्यंत मनोरंजक पक्ष है, जिसके रसास्वादन द्वारा दर्शक वृन्द तरोताजा होकर रहस की अगली लीला के लिए मानसिक रूप से तैयार हो जाता है। इस प्रकार के प्रसंग रहस की एक रसता से उत्पन्न होने वाली ऊब से दर्शकों को मुक्त रखते हैं, और दर्शक वृन्द मुख्यलीला प्रसंगों को रात-रात भर देखता रहता है।

रासधारी रहस की प्रस्तुतियों में भक्तिकाल के वैष्णव कवियों की रचनाओं का व्यापक रूप से प्रयोग करते हैं। कवि जयदेव, सूरदास तथा अष्टछाप कवियों की रचनाएं रहस के प्रसंगानुसार समाविष्ट की जाती हैं। रासधारी एवं साजिन्दों द्वारा संगीत एवं गायन बैठकर और खड़े होकर दोनों ही रूपों में प्रस्तुत किया जाता है। बैठकर संगीत एवं गायन प्रतुत करने को बैठे साज का रहस कहते हैं, जिसमें साजिन्दे मंच के उत्तर-पश्चिमी कोने में बैठते हैं। खड़े साज के रहस में रासधारी अपने साजिन्दों के साथ गाते हुए कदम वृक्ष की परिक्रमा करते जाते हैं। रासधारी स्वयं भी चिकारा अथवा मंजीरे बजाते हुए लीला के पद गाता है। नाट्य को सतत गतिशील बनाये रखने के कारण खड़े साज का रहस अधिक लोकप्रिय है, क्योंकि यह पद्धति बैठे साज की तुलना में अधिक नाटकीय एवं अधिक जीवन्त प्रतीत होती है।

छैला पार्टी के साजिन्दे भी मंच के बांयी ओर के कोने में स्थान ग्रहण करते हैं। परी दर्शकों के बीच में से होते हुए पूर्व या दक्षिण दिशा से मंच पर प्रवेश करती है।

रासधारी या रास पण्डित रहस को अनुष्ठान मानते हैं तथा रहस आरम्भ होने से समाप्ति तक बेड़े में उपस्थिति रहते हैं। रहस का प्रदर्शन रात्रि में लगभग दस बजे आरम्भ होता है और सूर्योदय तक चलता है। रहसधारी अपने रहस गुटके से एक पद का पाठ करता है जो अन्य संगतकारों द्वारा दुहराया जाता है। इन पदों की संगीत रचना परम्परागत रूप से प्रचलित देसी एवं मार्गी दोनों ही प्रकार की राग-रागनियों में बाँधी जाती है। बीच-बीच में रासधारी इन पदों की गद्य टीका, व्याख्या एवं उन पर टिप्पणियाँ भी करता चलता है। कलाकार इन प्रसंगों के

अनुरूप ही भाव भंगिमाओं के साथ रहस नाट्य प्रस्तुत करते चलते हैं। एक लीला प्रसंग पूर्ण हो चुकने पर रासधारी एवं उनके साजिन्दे विश्राम करते हैं और छैला पार्टी मंच पर आकर गम्मत या लघु प्रहसन प्रस्तुत करती है। रहस की प्रस्तुति प्रत्येक रात्रि में पूरी रात तक चलती हैं और सम्पूर्ण रहस नौ या दस दिनों में सम्पन्न होता है।

जिस गाँव में रहस का आयोजन होता है उसके आस-पास के क्षेत्र में रहस आयोजन के दिनों में उत्सव का सा वातावरण निर्मित हो जाता है। ग्रामीण जन अपने घरों की सफाई करते हैं तथा गोबर में गेरू एवं पीली खड़िया मिलाकर दीवारों को लीप-पोतकर सजाते हैं। आम के पत्तों की या रंग बिरंगे झिल्ली कागजों की वंदनवार बनाकर घरों एवं गाँव के प्रमुख मार्गों को सजाते हैं ग्रामीण अपनी विवाहित बेटियों को उनकी ससुराल से रहस देखने हेतु बुला लेते हैं तथा समीप के गाँवों के अपने सगे-सम्बन्धियों को भी रहस देखने हेतु आमन्त्रित करते हैं। रहस देखने हेतु दर्शक बीस-पच्चीस किलो मीटर दूर तक के गाँवों से बैल गाड़ियों पर साइकिलों पर, तथा ट्रैक्टर की ट्रालियों पर सवार होकर आते हैं। समीपवर्ती गाँवों के लोग समूह बनाकर पैदल ही रहस देखने चले जाते हैं। रहस देखने हेतु प्रत्येक रात्रि में पाँच हजार से पन्द्रह हजार दर्शक तक एकत्रित होते हैं। कृष्ण के मथुरागमन एवं महारास लीलाओं के प्रदर्शन के दिन दर्शकों की संख्या सर्वाधिक होती है क्योंकि इन लीलाओं का दर्शकों के मन पर गहरा भावनात्मक प्रभाव परम्परागत रूप से बना हुआ है।

पूर्व रंग :

रहस का प्रदर्शन, रासधारी एवं उसके संगतकारों के साथ मंच पर आगमन के साथ आरम्भ होता है। रास मण्डली के मंच पर पदार्पण के पश्चात् एक कलाकार गणपति को अपनी गोद में लेकर प्रवेश करता है। गणपति का वेश धारण करने वाला कलाकार चेहरे पर कागज की लुग्दी का बना लम्बी सूँडवाला मुखौटा बाँधता है तथा लाल या पीले रंग की धोती एवं पीले रंग का रेशमी दुपट्टा कन्धों पर धारण करता है। मुखौटे का रंग भी लाल रंग का ही होता है जिसके मस्तक पर

सुन्दर अलंकरण किया जाता है। गणेश जी को एक आसन पर बैठाया जाता है जिस पर एक स्वच्छ चादर बिछी होती है। गणेश जी को लाने एवं बैठाने का सम्पूर्ण नाटकीय आयोजन इस रूप में प्रस्तुत किया जाता है मानो वे मूर्ति रूप में हों। इसके उपरांत रिद्धि-सिद्धि देवता विघ्नविनाशक गणपति की पूजा एवं आरती की जाती है और उनसे रहस के आयोजन को निर्विघ्न सम्पन्न होने हेतु रासधारी एवं उसकी सम्पूर्ण मण्डली द्वारा आशीर्वाद मांगा जाता है। गणेश जी आशीर्वाद प्रदान करते हैं और मण्डली का एक कलाकार उन्हे पुनः गोद में लेकर पार्श्व में पहुँचा आता है। गणेश वन्दना के उपरांत रहस के कलाकार इसी भाँति ज्ञान की देवी सरस्वती की भी वन्दना करते हैं। वे भी रहस के निर्विघ्न सम्पन्न होने हेतु आशीर्वाद प्रदान करती हैं तत्पश्चात् उन्हें भी मूर्ति की भाँति गोद में उठाकर पार्श्व में पहुँचा दिया जाता है। इसके साथ ही रहस नाट्य के पूर्व रंग का समापन हो जाता है।

लौकिक एवं अलौकिक जगत के मिश्रण से 'फंतासी' रचना :

पूर्व रंग होने के उपरांत बालस्वरूप कृष्ण को एक कलाकार अपनी गोद में उठाकर मंच पर प्रवेश करता है। उन्हे आसन पर मूर्ति सदृष्य स्थापित किया जाता है। श्रीकृष्ण की वेशभूषा तथा श्रृंगार मंदिरों में स्थापित कृष्ण की प्रतिमानुरूप ही किया जाता है। पीताम्बरी वस्त्रों में सुसज्जित श्री कृष्ण सदैव हाथ में मुरली धारण किये होते हैं। मस्तक पर चन्दन का आलेपन किये हुए तथा मुकुट में मोरपंखों की कलंगी लगाए हुए बाल कृष्ण को प्रस्तुत किया जाता है। बाल कृष्ण की यह छवि रहस में रासलीला के रूढ़ स्वरूप का ही अनुकरण प्रतीत होती है।

कृष्ण एवं स्त्री वेश में दो नचकार जिन्हे नजरिया भी कहा जाता है, सदैव मंच पर बने रहते हैं। रासधारी एवं उनकी संगीत मण्डली के साथ-साथ नृत्य एवं अभिनय करते हुए ये कलाकार रहस लीला के विविध प्रसंगों का प्रस्तुतिकरण करते हैं। नचकार प्रसंगानुकूल नृत्य प्रस्तुत करते हुए रासधारी द्वारा गाए गए पदों को झेलते हुए उन्हे दुहराते जाते हैं। जिन प्रसंगों में कृष्ण के अलावा अन्य पात्रों

का भी लीला में उल्लेख होता है, वे नाटकीयता के साथ मंच पर आकर सम्मिलित होते जाते हैं। नाटकीय प्रस्तुतियों के अवसर पर दोनों नजरिये भी लीला से सम्बन्धित स्त्री पात्रों में रूपान्तरित हो जाते हैं, जैसे गोपियों के या यशोदा के पात्र में। रहस नाट्य में फंतासी की स्थितियों का भरपूर समावेश किया जाता है। दर्शक का मानस सतत वास्तविक जगत् एवं दैवी जगत् में एक साथ तिरोहित होता रहता है जिसमें से एक तो वह वास्तविक जगत् है जिसमें बालकृष्ण साधारण मनुष्यों की भाँति नटखटतापूर्ण व्यवहार करते हैं, जैसे गोपियों से छेड़-छाड़ करते हैं, मक्खन चुरा कर खाते हैं और गोपियों से दूध दही छीन कर उनके दूध-दही के पात्रों को फोड़ देते हैं। दूसरा वह अलौकिक या दैवी लोक है जिसमें बालस्वरूप श्रीकृष्ण अत्यंत बलशाली जरासंध, पूतना, बकासुर तथा कागासुर जैसे दैत्यों का वध करते हैं तथा कालिया नाग को नाथते हुए अपनी दैवी शक्तियों का प्रदर्शन करते हैं। रहस का दर्शक एक ही अवसर पर दो संशलिष्ट मानसिक स्थितियों में बना रहता है, जिसमें वह रहस के दर्शक के रूप में बने रहते हुए भी अपने पौराणिक आख्यानों के दिव्य लोक में अपने देवी देवताओं के अलौकिक कार्यों का दर्शन करता है। फंतासी के ऐसे नाटकीय अवसरों पर दर्शक रहस के दैवीय लोक में खो जाता है और वह भूल जाता है कि वह नाट्य प्रस्तुति का प्रेक्षक है। वह तो भाव विभोर मन:स्थिति में खोकर महसूस करता है कि उसके भगवान स्वयं ही दुष्ट दैत्यों से उसकी रक्षा करने हेतु ही इस लोक में अवतरित हुए हैं। लौकिक एवं अलौकिक, दोनों जगत का ऐसा सूक्ष्म सम्मिश्रण दर्शक को ऐसी फंतासी में पहुँचा देता है जहाँ रहस नाट्य एक रहस्य लोक में बदल जाता है।

लीला स्थल :

रहस की कुछ लीलाएँ तो बेड़े (मंच) पर प्रस्तुत की जाती है, एवं कुछ लीलाओं का प्रस्तुतिकरण गाँव के भिन्न-भिन्न स्थलों पर किया जाता है। रहसधारी एवं आयोजक गण मिलकर इन लीलाओं के स्थलों का चुनाव कर लेते हैं। गोवर्धन पर्वत लीला, कालिया मर्दन लीला, कंस वध लीला आदि लीलाओं की प्रस्तुतियाँ

गाँव के चुने हुए स्थलों पर होती है। कंसवध लीला की प्रस्तुति सामान्यतया मालगुजार के घर के सामने या गाँव के प्रमुख चौक पर आयोजित की जाती है। गाँव के बड़े तालाब पर कालिया मर्दन लीला का मंचन किया जाता है जहाँ एक नाव पर कालिया नाग का निर्माण किया जाता है और श्रीकृष्ण अपने बाल सखाओं तथा ग्रामीणों के विशाल समूह के साथ इस स्थल पर गेंद खेलने पहुँचते हैं। गेंद कालिया नाग द्वारा पकड़ी जाने पर श्रीकृष्ण दूसरी सुसज्जित नाव पर बैठकर नागराज के पास पहुँचते हैं और उसके फनों में नाथ डालकर उसे वश में करनेवाली लीला का मंचन सम्पन्न करते हैं। दर्शकों का विशाल जन-समूह इस लीला को दखने के लिए तालाब के किनारों पर एकत्रित होता है।

कंस के राजदरबार के दृष्यों की प्रस्तुतियाँ अत्यंत नाटकीय ढंग से की जाती हैं। कंस को दोनों हाथों में नंगी तलवारे धारण किए हुए मंच पर प्रवेश करते हुए दर्शाया जाता है। कंस के मंच पर आगमन के साथ ही नगाड़े तीव्र गति से उच्च-स्वर में बजाए जाते हैं, और कंस तलवार बाजी प्रस्तुत करने के उपरांत अपना आसन ग्रहण करता है। उसके मन्त्री एवं दरबारी उसकी आवभगत करते हैं और कंस के सम्मुख सुरा-सुन्दरी प्रस्तुत करने का आदेश देते हैं। कंस के दरबार में प्रस्तुत किए जाने वाले नाच गानों में तड़क-भड़क होती है और गजल, ठुमरी, मुजरा और कभी-कभी कव्वाली भी प्रस्तुत की जाती है। कंस की मूँछे गहरी काली एवं गलमुच्छे तथा भौहें भी गहरी काली एवं लम्बी बनाई जाती हैं। कंस का व्यक्तित्व प्रभावशाली एवं खलनायक का प्रतीत हो सके उसी के अनुरूप सज्जा (मेक-अप) की जाती है।

कंस की क्रूरता की नाट्य प्रस्तुति करते समय कलाकार अतिनाटकीय अभिनय का प्रयोग करते हैं। कृष्ण के साथ युद्ध के दृष्य में कृष्ण को अबोध बाल रूप में प्रस्तुत किया जाता है। कंस बना हुआ कलाकार पहले दोनों हाथों में नंगी तलवारें लेकर तलवार बाजी के अनेक पैतरें और करतब प्रस्तुत करता है, फिर एक हाथ की तलवार को बगल में लटकी म्यान में रखकर ढाल उठा लेता है और दूसरे हाथ में तलवार थाम कर कृष्ण पर आक्रमण करने का अभिनय करता है। कृष्ण भी चपलतापूर्वक आक्रमण बचाते हुए कंस से जूझने लगते हैं और

अनेक घात प्रतिघात के पश्चात अन्त में कृष्ण के हाथों कंस का वध होता है। कंस का वध होते ही ग्रामीण जन फटाके फोड़ते हैं तथा आतिशबाजी करके कंसवध को समारोहित करते हैं।

श्रीकृष्ण की 'मथुरागमन' लीला के प्रसंग का प्रस्तुतिकरण अत्यंत मार्मिक होता है। इस लीला में कृष्ण गोकुल त्याग कर मथुरा प्रस्थान करते हैं। कृष्ण के मथुरागमन लीला प्रसंग में वे अपने बाल सखाओं, गोप गोपियों को, तथा गोकुल के सभी नर नारियों को छोड़कर मथुरा प्रस्थान करते हैं। जब श्रीकृष्ण गोकुल रूपी बेड़े का परित्याग कर प्रेक्षकों के बीच से होते हुए मथुरागमन का अभिनय प्रस्तुत करते हैं तो सम्पूर्ण दर्शक वर्ग भी गोप-गोपियों के साथ-साथ चलने लगता है। सभी पुरूष, स्त्रियाँ एवं बालक बालिकाएं श्रीकृष्ण के साथ-साथ चलने लगते हैं। श्रीकृष्ण गाँव के सभी मार्गों का भ्रमण करते हैं मानों वे गोकुल वासियों से विदा ले रहे हों। ग्रामवासी भी स्थान-स्थान पर उन्हे पुष्पाहार भेंट कर विदा करते हैं। दर्शकगण इस लीला के अवसर पर फूल मालाएँ पहन कर या एक-आध फूल कान में खोंसकर और आम के पत्ते हाथों में लेकर श्रीकृष्ण के साथ-साथ सम्पूर्ण ग्राम में भ्रमण करते हैं। श्रीकृष्ण की जय-जयकार का जयघोष बीच-बीच में गूँजता रहता है। ग्रामीणजन श्रीकृष्ण को सीने से लगाकर उन्हे विदा करते समय सुबक-सुबक कर सचमुच रोने लगते हैं। लीला का ऐसा मार्मिक दृष्य सम्पूर्ण प्रसंग को वास्तविक धरातल पर स्थापित करने में सफलीभूत होता है। भाव विभोर हो दर्शकगण सुबक सुबक कर रोने लगते हैं और उनके गले भर आते हैं।

रहस के कलाकारों के भोजन तथा चाय-पान आदि की सम्पूर्ण व्यवस्था ग्रामीणजन करते हैं। सभी कलाकार यजमान द्वारा भोजन हेतु आमन्त्रित किए जाते हैं। अक्सर गाँव के मालगुजार, साहूकार या सम्पन्न व्यक्तियों द्वारा पारी-पारी से यह व्यवस्था की जाती है। ग्रामीण-यजमान इसे न सिर्फ अपना दायित्व समझते हैं, वरन् इसमें गौरव का भी अनुभव करते हैं। अन्तिम दिन जो यजमान रहस कलाकारों के भोजन की व्यवस्था करता है, वह श्रीकृष्ण की प्रतिमा को

अपने सिर पर आदरपूर्वक रखकर बेड़े से अपने घर के लिए प्रस्थान करता है, और उसके पीछे-पीछे चलते हुए सभी कलाकार उसके घर पर पदार्पण करते हैं। उस दिन वे कलाकार उसे यजमान के अतिथि बनकर सम्पूर्ण दिन वहीं बिताते हैं। सन्ध्या समय स्नान आदि से निवृत्त होकर वे श्रीकृष्ण की प्रतिमा लेकर सीधे बेड़े पर आते हैं और अन्तिम दिन के लीला प्रसंगों की प्रस्तुति करते हैं। रहस के आयोजन के समापन पर ग्रामीणजन रहसधारी एवं उनकी मण्डली को पाँच हजार रूपए से ग्यारह हजार रूपये भेंट स्वरूप देते हैं, साथ ही अन्न, वस्त्र तथा अनेक वस्तुएं भेंट स्वरूप प्रदान करते हैं। इसके अतिरिक्त आरती में एकत्रित नगद राशि भी रासधारी को सौंप दी जाती है जो आजकल लगभग तीन-चार हजार रूपयों तक पहुँच जाती है।

कृषि पर आधारित भारतीय ग्रामीण समाज में इस प्रकार के आयोजन के सामुदायिक आधार का विकास हमारी परम्परा का अभिन्न अंग था, जो अब पूँजीवादी विकास के कारण नष्ट होने लगा है। छत्तीसगढ़ के ग्रामीण समाज की आर्थिक स्थिति बिगड़ने के कारण रहस सदृष्य कलास्वरूप का आयोजन अब उनके बस की बात नहीं रह गई है। आजकल रहस के आयोजन यदाकदा ही संभव हो पाते हैं। रहस की समाप्ति छैलापार्टी के नचकार एवं परी के घुंघरू बतौर यादगार गाँव के सम्पन्न व्यक्तियों द्वारा खरीद लिए जाते हैं।

यद्यपि छत्तीसगढ़ में रहस का प्रादुर्भाव मथुरा-वृन्दावन जाने वाले तीर्थ यात्रियों एवं वहाँ की उन रास मण्डलियों द्वारा हुआ है जो प्रदर्शनों हेतु इस क्षेत्र में पहुँचती थीं, परन्तु इस परम्पराशील नाट्य स्वरूप ने अपने भीतर अनेक स्थानीय लोक तत्वों को इतना अधिक समेटा है कि, यह अपने आप में एक स्वतन्त्र नाट्य विधा बन चुकी है। रहस का वर्तमान नाट्य स्वरूप बहुत प्राचीन प्रतीत नहीं होता, और उसका विकास भी ऐसा प्रतीत होता है कि शनैः शनैः उन्नीसवीं शताब्दी के उत्तरार्ध में तथा बीसवीं शताब्दी के आरम्भिक काल में ही हुआ है। सन् उन्नीस सौ दस के आस परस छत्तीसगढ़ के मालगुजार और साहूकार तथा कुछ मठ उत्तर भारत से रासलीला और रामलीला की मण्डलियों को आमन्त्रित कर इन परम्पराशील नाट्यों का आयोजन करवाते थे। ऐसे आयोजनों के पीछे धार्मिक भावना भी निहित थी। रामलीला एवं रासलीला जैसे परम्पराशील नाट्यों ने भारतीय जनजीवन

को संस्कारित करने के कार्य का लम्बे समय से निर्वाह किया है। रहस का दर्शक अपने आपको मात्र मनोरंजन ग्रहण करने वाला दर्शक ही नही समझता वरन वह अपने आप को लीला का अभिन्न अंग भी महसूस करता है। रासलीला में गुँथी हुई भागवत भावना और वैष्णव भक्ति के परिणामस्वरूप रहस के दर्शक की मानसिकता मनोरंजन ग्रहण करने के साथ ही साथ भक्तिमय भी बनी रहती है। दस दिनों के रहस का यह आयोजन इस सम्पूर्ण क्षेत्र में एक धार्मिक अनुष्ठान एवं समारोह की भाँति आयोजित होता है। यद्यपि रहस उत्तर भारत की रासलीला की तुलना में अत्यंत कमजोर एवं शिथिल नाट्य प्रस्तुति प्रतीत होती है, परन्तु उसके दर्शक वर्ग के साथ उसका सामंजस्य लोक जीवन में उसके महत्व को प्रतिपादित करने हेतु काफी है।

रास की दार्शनिक पृष्ठभूमि :

रास का सामान्य प्रचलित अर्थ उस माण्डलिक नृत्य का पर्याय है जो रासलीला के नृत्य-नाट्य स्वरूप का अभिन्न मंचीय अंग है, परन्तु रास का दार्शनिक अर्थ एवं पक्ष कहीं अत्यंत गूढ़ है। इस गूढ़ अर्थ को समझे बिना रास को न तो सही परिप्रेक्ष्य में समझा ही जा सकता है और न ही उसका समुचित रसास्वादन ही किया जा सकता है। श्री राधातत्व को भारतीय वाङ्मय के सन्दर्भ में समझना आवश्यक है। राधा का नाम लौकिक अथवा भौतिक अर्थ में जब प्रयुक्त होता है तो उससे इतना ही अर्थ प्रकट होता है कि इस नाम की कोई अनिन्द्य सुन्दरी थी, जो गोपकन्या थी तथा श्रीकृष्ण की प्रेयसी थी। वह बड़ी भाग्यशालिनी थी, सुभगा तथा सुन्दरी थी। अपने अपूर्व सौन्दर्य के कारण ही वे श्रीकृष्ण के लिए सर्वाधिक प्रिय गोपी थी। श्री राधा का उल्लेख एक सखी के रूप में श्रीमद्भागवत में मात्र एक स्थान पर आता है। राधा के चरित्र एवं उनके नायिका रूप का निर्माण एवं विस्तार तो कालान्तर में अन्य कवियों द्वारा सम्भव हुआ है। राधा के इस स्वतन्त्र नायिका स्वरूप का पूर्ण विकास जयदेव के गीत गोविन्द में हुआ है। श्री राधा का उल्लेख गाथा सप्तशती में सर्वप्रथम कृष्ण की प्रेयसी के रूप में मिलता है जिसकी रचना विक्रम संवत् की प्रथम शती में हुई थी। उनके पश्चात्

दीर्घकाल तक अनेक कवियों ने राधा को कृष्ण प्रेयसी के रूप में ही चित्रित किया है। यह परम्परा लगभग तेरहवीं-चौदहवीं शताब्दी तक बनी रही जिसमें राधा कृष्ण की प्रियतमा है। वे वृषभानुनन्दिनी श्रीकृष्ण के वाम अंग में विराजती हैं। श्री वल्लभाचार्य कृष्ण जी को राधिकारमण एवं राधिकावल्लभ के रूप में सम्बोधित करते हैं। विट्ठलदास जी राधा को स्वामिनी जी कहकर पुकारते हैं। जयदेव ने राधा के चरित्र का विकास एवं विस्तार एक नायिका एवं स्वतन्त्र चरित्र के रूप में किया है, किन्तु राधा का यह चरित्र भी लौकिक एवं मानवीय ही अधिक है।

राधा के चरित्र का श्री राधा तत्व के दार्शनिक रूप में विकास तो श्री चैतन्य महाप्रभु के प्रभावस्वरूप सम्भव हुआ है। श्री चैतन्यदेव के शिष्य रूपगोस्वामी तथा जीवगोस्वामी ने अपने ग्रन्थों में अपनी अलौकिक चमत्कारी लीलाओं से श्री राधा की प्रेम-माधुरी का व्यवहारिक परिचय प्रदान किया है और गौड़ीय वैष्णव गोस्वामियों ने दर्शन की प्रौढ़ भित्ति पर आधृत कर राधा तत्व की नितान्त तर्कबहुल दार्शनिक व्याख्या प्रस्तुत की है। राधा भगवान की महाभावस्वरूपिणी आह्लादिनी शक्ति है जो भगवान को आव्हादित करती है और जिसके द्वारा भगवान अपने भक्तों को दिव्य आल्हाद प्रदान करते हैं। राधा की यह मीमांसा निःसन्देह गौड़ीय गोस्वामियों की, विशेषतः रूप तथा जीव की दार्शनिक बुद्धि की दिव्य विभूति है। फलतः यह हम मानें कि राधा का पूर्ण विकास चैतन्य महाप्रभु के भक्त गोस्वामी आचार्यों के प्रखर पाण्डित्य का परिणत फल है।

उपनिषद् में वर्णन किया गया है, "रसौ वैसः। रसं ह्येव लब्ध्वाऽनन्दी भवति।" यह रसोपासना का मूल मन्त्र है, मूल तत्वस्वरूप है। भागवत् सम्प्रदाय, भगवान को रसस्वरूप और आनन्दरूप मानकर उनकी प्राप्ति के लिए सतत उद्योगशील रहता है। "रासनृत्य लौकिक नायक-नायिकाओं के बीच सम्पन्न न होकर रस रूप श्रीकृष्ण और उनकी परम प्रेमास्पद ब्रजांगनाओं सहित महाभागी श्री राधा के बीच सम्पन्न होना माना जाता है। कृष्ण एवं राधा एक ही तत्व की दो अभिव्यक्तियाँ हैं। गोपियाँ उनकी अंगभूता शक्तियाँ हैं। अपने संकेतरूप में रास दिव्य-रस की अभिव्यक्ति है और यह दिव्य रस परब्रह्म से इतर कोई अन्य वस्तु नहीं है। अपनी दार्शनिक परिधि में रास पूर्ण परब्रह्म की लीला है।"

सम्प्रदाय के विभिन्न उप-सम्प्रदाय के कवियों ने अपने काव्य द्वारा राधाकृष्ण के चरित्र एवं लीलास्वरूप का अत्यंत कोमल एवं कमनीय चित्रण प्रस्तुत किया है जिसके कारण ब्रज भाषा साहित्य की श्री वृद्धि हुई है। सूरदास जी का इस साहित्य को अवदान तो अतुलनीय है। गीत गोविन्द से आरम्भ हुई राधाकृष्ण साहित्य की यह सलिला 12 वीं शती से निरन्तर प्रवाहित होती हुई पन्द्रहवीं शताब्दी तक अपने चरम बिन्दु पर जा पहुँची। भक्तिकाल के सन्त कवियों ने भी इस साहित्य को न सिर्फ समृद्ध किया वरन् उन्होने ब्रज मण्डल से रासलीला साहित्य एवं रासलीला नाट्य को अपने-अपने क्षेत्रों में ले जाकर भागवत भवना के प्रसार का आधार बनाया।

मध्ययुग में भक्ति आन्दोलन के माध्यम से सांस्कृतिक पुनर्जागरण की ऐसी महान् चेतना पैदा हुई जिसके जरिये सम्पूर्ण भारत वर्ष के कृष्ण भक्त श्रीकृष्ण की जन्मभूमि के दर्शनार्थ वृन्दावन की यात्रा हेतु लालायित हो उठे। वृन्दावन में एकत्रित होने वाले इन सन्त कवियों ने कृष्ण की बाल लीलाओं के लीलामय साहित्य में डुबकी लगाकर अपने आपको रस विभोर कर लिया। अपने-अपने प्रदेश में वापस जाकर इन सन्त कवियों ने रासलीलाओं का मंचन आरम्भ कर दिया और रासलीला को भागवत् भावना का पर्याय बना दिया। ब्रजभाषा एवं ब्रजभाषा में रचित काव्य के लालित्य ने इस भावना के विस्तार में महत्वपूर्ण योगदान प्रदान किया।

ब्रजभाषा के राधाकृष्ण लीला साहित्य का अवलोकन किये बिना रासलीला का आस्वाद एवं उसके इतने व्यापक प्रभाव को समझ पाना कठिन है। इसलिए रासलीला में जिन महान सन्तों एवं कवियों ने अपना योगदान प्रदान कर इसे समृद्ध किया है, उसकी थोड़ी सी झलक यहाँ आवश्यक प्रतीत होती है।

निम्बार्क सम्प्रदाय के कवि घनानन्द की एक रचना नीचे दी जा रही है, जिसमें राधा जी की शोभा का अत्यंत काव्यमय वर्णन किया गया है -

आवति चली कुंज गहवर तैं कुंवरि राधिका रूपमढ़ी।
मोद विनोद भरी मृदु मूरति का विरंचि या घाट घढ़ी॥
बरनों कहा गुराई मुख की अलक संवरई संग बढ़ी।
बंक चितवनि सरल बान लौंउर इकसार दुसार बढ़ी॥

सहज मधुर मुसिकानि सलौनी मौन मोहिनी मंत्र पढ़ी ।
अधर पानि पै निरखि धुरयौ हिय उतरति क्यों जुघमेर चढ़ी ।
सुनरि सखी घुटनि जियरा की तू ही एक उपाय अढ़ी ।
ज्याइ प्याई रस आनन्द घन को रसना चातक चोंप चढ़ी ॥

राधा जी के रूप सौष्ठव का इस कवित्त में कलात्मक वर्णन किया गया है। राधा के नारी रूप का वर्णन एक आदर्श के रूप में कवि ने उपरोक्त कवित्त में प्रस्तुत किया है।

❑❑❑

नाचा

न्यामिक दास मानिकपुरी
जो अपनी मंडली में
जोक्कड़ बनते हैं।

नाचा

नाचा कलाकार झुमुक लाल
जो न्यामिक दास के
साथ उनकी मंडली में
जोक्कड़ बनते हैं।
उनके साथ दो
परी तथा नजरिया हैं।

डंडामी माड़िया नर्तक

इस नृत्य को गौरसिंग नृत्य कहा जाता है क्योंकि इन नर्तकों का मुकुट गौर (Bison) के सींगों से बना होता है।

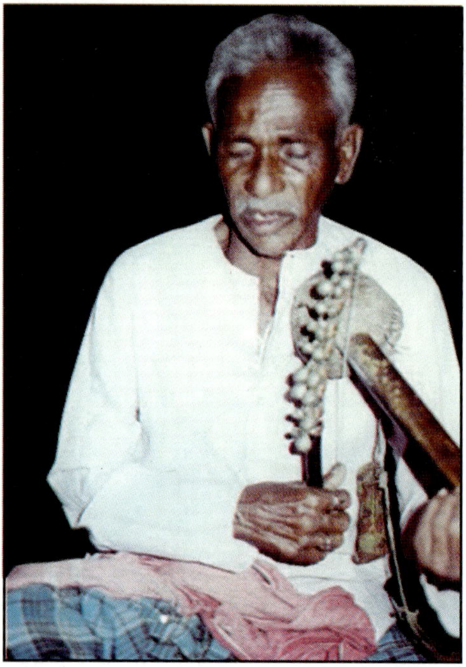

देवार गाथा गायक

देवार गाथा गायक
अपने चिकारे (सारंगी) पर
पंडवानी का गायन करते हुए।

नाट का मुखौटा

काग़ज की लुग्दी से पुरी में बना मुखौटा। ऐसे मुखौटों का प्रयोग उड़ीसा के नाट तथा भतरा नाट में किया जाता है।

भतरा नाट

कीचक वध नाट का एक दृश्य। कीचक और विदुषक प्रवेश करते हुए।

उराँव नर्तक

उराँव नर्तक धार्मिक उत्सव के अवसर पर नृत्य प्रस्तुत करते हुए।

उराँव नर्तक

अखरा (अखाड़ा नृत्य स्थल) में अपनी परंपरागत वेशभूषा में नृत्य हेतु एकत्र हुए हैं।

भरथरी गाथा की प्रस्तुति

भरथरी गायिका भरथरी (छत्तीसगढ़ी) की गाथा प्रस्तुत कर रही है।
छत्तीसगढ़ में यह गाथा अत्यन्त लोकप्रिय है तथा सूरज बाई खांडे इस विधा की सर्वश्रेष्ठ गायिका हैं।
वे भारत में तथा भारत के बाहर भी अपनी प्रस्तुतियाँ दे चुकी हैं।

नाचा

नाचा के एक दृश्य में जोक्कड़ एवं परी एक हास्य प्रसंग के पश्चात नृत्य प्रस्तुत कर रहे हैं।

नाचा

नाचा की एक आवश्यक पात्र नज़रिया। वह काँसे के दो लोटे सिर पर रखकर दर्शकों के बीच से प्रकट होती है और मंथर गति से चलते हुए मंच की ओर बढ़ती है। इस बीच जोक्कड़ के साथ कुछ संवाद होते हैं। मंच पर पहुँचकर वह नृत्य करने लगती है। नृत्य के साथ ऊपर रखा हुआ लोटा विपरीत दिशा में घुमने लगता है।

नाचा

नाचा नाट्य का स्त्री पात्र नजरिया।

पंडवानी

पंडवानी कलाकार तीजनबाई एक भाव पूर्ण मुद्रा में।

माड़िया गौर नृत्य

बस्तर की डंडामी माड़िया जनजाति का विश्व प्रसिद्ध गौर सींग नृत्य जिसके कारण ही डब्ल्यु. व्ही. ग्रिग्सन ने इस जनजाति का नामकरण 'बाईसन हार्न माड़िया' रख दिया था। वेरियर ऐम्बिन के मतानुसार यह विश्व के समस्त नृत्यों में सर्वश्रेष्ठ है।

नाचा

जोक्कड़ और नजरिया।

भतरा नाट

भतरा नाट के कीचक वध प्रसंग का एक दृश्य। कीचक और भीम मल्ल-युद्ध करते हुए।

उराँव जनजाति का नृत्य

उराँव युवक एवं युवतियाँ करमा नृत्य प्रस्तुत करते हुए। यह नृत्य कर्म पर्व पर विशेष रूप से किया जाता है, परन्तु वैसे यह किसी भी अवसर पर किया जाने वाला नृत्य है।

उराँव नृत्य

यह उराँव जनजाति का एक विशिष्ट नृत्य है, जिसमें युवतियाँ
अर्ध गोलाकार में नृत्य प्रस्तुत करती हैं। उनके सम्मुख माँदर वादक माँदर वादन करते हैं।

बस्तर की डंडामी माड़िया नृत्य

यह डंडामी माड़िया जनजाति के गौर सींग नृत्य का दृश्य है जिसमें युवतियाँ एक पंक्ति में
एक दूसरे के कन्धों पर हाथ रखकर नृत्य करती हैं और युवक दूसरी पंक्ति में अपने मांदर बजाते हुए नृत्य करते हैं।

गाँड़ा बाजा के निशान वादक

छत्तीसगढ़ और संलग्न उड़ीसा के ग्रामीण अंचल में गाँड़ा जाति के वादक बैंड ही प्रचलित हैं। ये ही लोग विवाह के अवसर पर एवं सभी उत्सवों पर अपने बाजा बैंड के साथ बुलाए जाते हैं। इस चित्र में दो निशान वादक निशान वादय के साथ देखे जा सकते हैं।

देवार

इस चित्र में एक देवार अपने माँदर के साथ वादन करता हुआ दिखाई पड़ रहा है। देवार पेशे से ही एक कलाकार जाति है। कुछ लाग ताल वाद्य बजाते हैं, अपने चिकारे पर गाथाएँ तथा ददरिया करमा गाते हैं। स्त्रियाँ नाचना गाना करती हैं और कुछ स्त्रियाँ गोदना गोदने का कार्य करती हैं।

नाचा

इस चित्र में नाचा के जोक्कड़ अपने पात्रों नजरिया एवं परी के साथ।

कंवर जनजाति का पूजा नृत्य, जिला बिलासपुर

पंडो जनजाति

पंडो जनजाति की युवतियाँ अपना परंपरागत नृत्य प्रस्तुत कर रही हैं।

पंडवानी

झाड़ू राम देवांगन भावपूर्ण मुद्रा में शांति पर्व प्रस्तुत कर रहे हैं। महाभारत युद्ध में कौरव और पाण्डव दोनों ही ओर के सभी योद्धा मारे गए। भीषण विनाश की विभीषिका देखकर युधिष्ठिर सोच रहे हैं कि इस युद्ध से क्या मिला! युद्ध की निरर्थका को अभिव्यक्ति प्रदान करने में झाड़ू राम जी की प्रस्तुति श्रेष्ठतम मानी जा सकती है।

नाट

नाट का यह दृश्य जंगल सम्राट टार्जन वध का है जिसमें नारद मुनि राजकुमार राजकुमारी रसकला की भेंट करवा रहे हैं।

भतरा नाट

जगन्नाथपुरी में निर्मित काग़ज की लुग्दी से बना एक मुखौटा। नाट में इस प्रकार के मुखौटों का प्रचलन पश्चिमी उड़ीसा के नाट एवं भतरा नाट में होता है। आजकल उत्तर भारत में बने रामलीला के मुखौटों का प्रचलन बढ़ रहा है।

बैगा नर्तक
अपनी परंपरिक वेशभूषा में

भरथरी गायिका

भतरा नर्तकियाँ, बस्तर

भतरा नाट में कीचक वध का प्रदर्शन

भीम और कीचक वध का गदा युद्ध।

करमा नृत्य करते बिं ावार आदिवासी, बिलाई गढ़।

मडई (मेले) में गौरसिंग नृत्य करते कलाकार।

शादी के उत्सव में डंडामी नर्तकियाँ ।

डंडामी माड़िया नर्तक अपने मंदर के साथ।

डंडामी माड़िया नर्तकियाँ।

शादी के उत्सव में डंडामी माड़िया स्त्री, बस्तर।

देवार नाच, महासमुन्द

देवार नर्तक
राजनांदगाँव

देवार नृत्य कलाकार

देवार नर्तकी

द्रौपदी-भीम संवाद

घोटुल खंभे के इर्द-गिर्द घोटुल पाटा नृत्य प्रस्तुत करती नर्तकियाँ।

नारायणपुर में हल्की पाटा करते मुरिया कलाकार। यह नृत्य मुरियाओं के प्रमुख नृत्यों में से एक है।

जगार शब्द का शाब्दिक अर्थ है—जागृति या जागरण।

ककसाड़ नृत्य

यह अत्याधिक लयात्मक है। इसमें युवक कमर पर घंटियाँ लगा हुआ पट्टा बाँधते हैं।

बिंद्रानवागढ़ का कमार गाथा गायक, जिला धमतरी

उराँव जनजाति के संगीतकार, जसपुर

सरगुजा पंडो आदिवासी पूजा नृत्य प्रस्तुत करते हुए।

पंडवानी कलाकार पंडवानी प्रस्तुत करते हुए।

पंडवानी कलाकार पंडवानी प्रस्तुत करते हुए, भिलाई, जिला दुर्ग